塩尻公明と戦没学徒 木村久夫

―「或る遺書について」の考察

中谷　彪　著

大学教育出版

『哲学通論』扉の久夫の手記

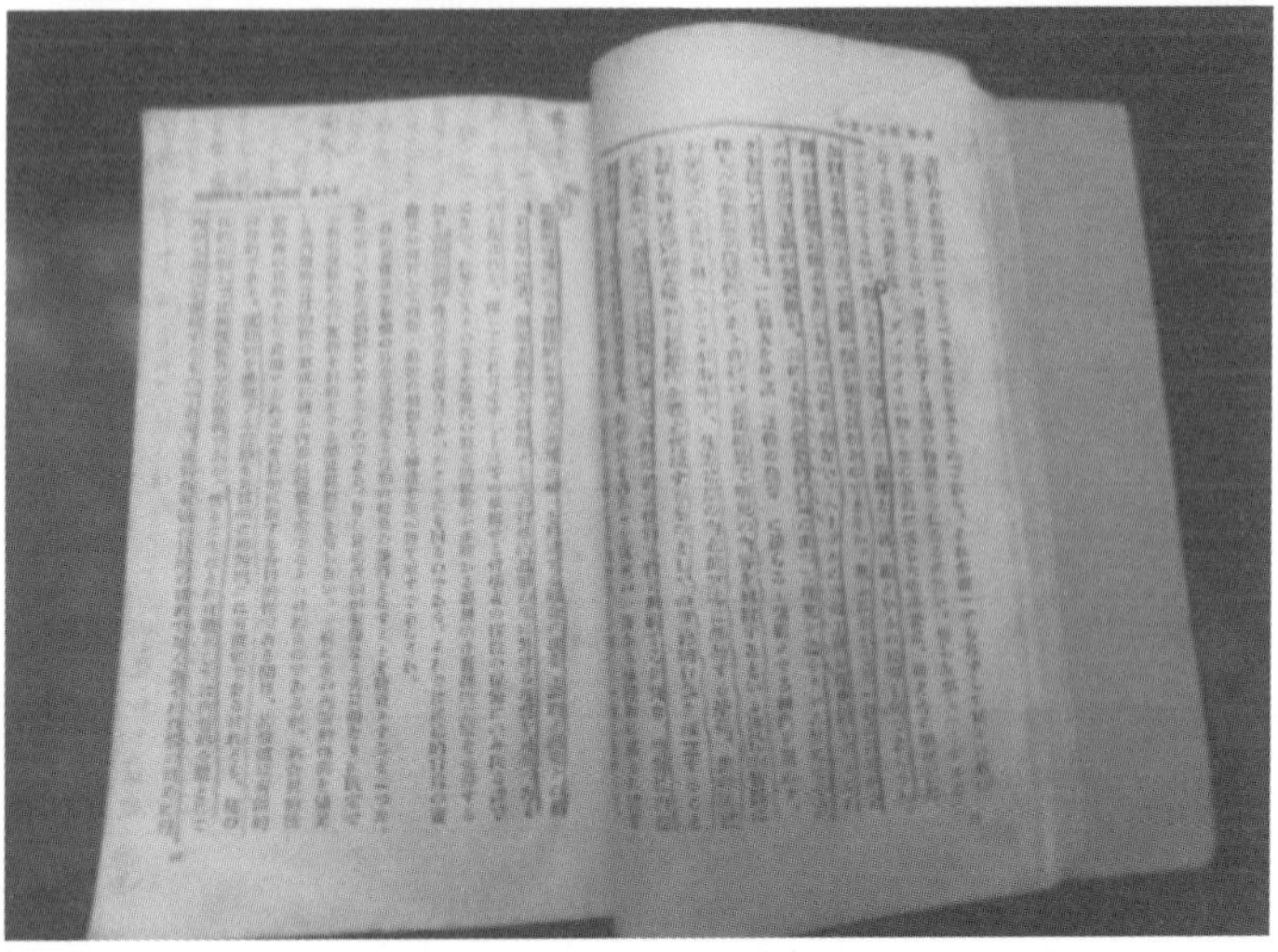

『哲学通論』余白の久夫の手記

まえがき

本書は、『塩尻公明と河合栄治郎―他力と自力の人間学―』（大学教育出版、2013年）に続く、筆者の塩尻公明研究の各論の2冊目である。本来、「塩尻公明と戦没学徒木村久夫」は、すでに脱稿している「塩尻公明と塩尻卯女」と、執筆に取りかかっている「塩尻公明と苅部一衛」との3論文をまとめて、1冊の本にする予定であった。しかし、2番目の論文を先に一書として出版することにしたのは、各論文がかなりの字数になること、3番目の論稿が予想以上に時間を必要とすることが予想されることの他に、本書の出版の緊急性を痛感するに至ったことによる。

この場合の緊急性とは、急速に進む日本の右傾化、偏ったナショナリズム化に対して危機感を抱いているからであり、その方向への進行に対して何とかして警鐘を鳴らしたいと考えたからである。なぜならば、本書で扱った「或る遺書について」で、塩尻は、学究の徒として身を立てていくことを熱願していた若き学徒兵木村が無謀な戦争に巻き込まれ、学問の途に進むことを断たれたのみならず、無実の罪を被り戦犯として刑場の露として散らなければならなかった不条理を、木村の遺書を読み解きながら告発し、厳しく断罪しているからである。木村の「遺書」の圧巻の一つは、次の一節にある。

この日本降伏が全日本国民のために必須なる以上、私一個人の犠牲の如きは涙をのんで忍ばねばならない。苦情を言うなら、敗戦と判っていい乍ら此の戦を起した軍部に持ってゆくより仕方がない。然しまた更に考えを致せば、満州事変以後の軍部の行動を許して来た全日本国民にその遠い責任があることを知らなければならない。

この重い問いに、私たちはどのように応えて来たであろうか。また今後、どのように応えていくべきであろうか。筆者の回答については本文で論じたので、それを読んで頂きたいが、戦中に生まれ戦後の平和憲法の下で教育を受けて育ってきた筆者としては、「政府の行為によって再び戦争の惨禍が起ることのないやうにすること」（日本国憲法前文）に努力し、「全世界の国民が…平和のうちに生存する権利を有すること」（同前）を、命ある限り、全力をあげて訴えていきたいと決意している。本書はそのための努力の一つであるが、一人でも多くの人々が共感共鳴され、心を合わせていただけるならば、それに勝る喜びはない。

２０１４年2月18日

中谷　彪
（アメリカ・スポケーンで）

塩尻公明と戦没学徒 木村久夫
―「或る遺書について」の考察―

目次

はじめに

筆者は塩尻公明著『新版　或る遺書について』[1]の編者解説で次のように書いた。少し長いが、本稿の目的と関係するので敢えて引用したい。

> 塩尻は、『或る遺書について』…で…木村の生い立ちと家族、木村の高等学校時代の勉学態度や自分との関係について、簡潔ではあるが、的確で周到な紹介をしている。その紹介は、自分を心から慕ってくれた純粋な教え子の姿、学問への憧憬に目覚めた教え子、しかし、学問を断念せざるをえなかった彼の無念さへの同情、非業の死に散った悲運の教え子への限りなく深い哀惜、死に臨む教え子の立派な態度とその崇高な生き方を、丁寧に分析し、意を尽くして説明している。

しかし、若き教え子の生き方（と死に方）の真の原動力は何であったかを探り、「人生の大先達」と位置づける教え子から真摯に学ぼうとする恩師塩尻の謙虚な姿勢も、注目に値する。否、塩尻の到達した高貴な人生観に照射されたからこそ、木村の手記がさらに最高級の輝きを放つことになったと思わざるを得ない。

ともあれ、学業半ばで非業の死を遂げざるを得なかった悲運の木村、悲運の木村を悲しむ恩師、この2人の師弟愛の美しさと高貴さとに、われわれは感動する。もし木村が存命ならば、学問研鑽に励み、塩尻思想を継承発展させた学者として大成されたであろう。そう考えれば考えるほど、無謀な戦争の犠牲になった木村と、将来ある教え子を失った塩尻の悲痛とに、われわれは断腸の思いを禁じ得ない。(2)

本稿は、上記の解説では書き切れなかった塩尻公明と木村久夫との人間関係を、資料を紹介することを通して、再度、別の視点から考察してみようと企図するものである。

塩尻公明と木村久夫は、師弟関係にあった。その関係は、旧制高知高校の教授としての塩尻と、その塩尻に生徒として学んだ木村とのそれであった。だが二人の師弟関係は、木村が過ごした旧制高校時代を起点とし、木村が召集されシンガポールの刑務所で戦犯として絞首刑の露となって消えた1946年5月23日を以て終了した。無謀な戦争と、また部隊では、物欲・名誉欲・虚栄心以外の何ものでもなかった上級職業軍人たちとが、罪のない（又は罪の軽微な）部下の木村を非業の死に赴かせ、二人の師弟関係を断絶してしまった。

しかしながら二人の師弟関係は、木村の死後も、そして塩尻の死後も、われわれに貴重ないろいろなことを教えてくれる。今となっては、歴史的事実としては過去になってしまった二人の師弟関係ではあるが、今改めて二人の関係を詳細に検証することを通して、そこに含まれている教訓を学びとることは、現代に生きるわれわれが「人生を如何に生きるか」を考える場合、きわめて有益であると考える。

以下では、二人の出会いから別れまでの経緯を辿り、二人がいかなる師弟関係を結び、いかなる離別を迎えたかを紹介し、その後、二人の師弟関係が教えるところを考察してみることにする。

1　塩尻公明の生涯

（1）立身出世を捨てて修行生活へ

〈備藤公明として生まれる〉

塩尻公明の詳細な生涯については他の拙著（3）で触れたことがあるのでそれに譲るとして、ここでは彼の概略を簡潔に紹介することにしたい。

備藤公明は、1901年年11月6日、教育者の父備藤壮太郎と母八重の8人兄弟姉妹の6番目の子（四男）として岡山県吉備郡水内《みのち》村（現・総社市）に生まれた。のちに塩尻家の養子となり、塩尻公明となる。養父は塩尻級長雄《しなお》、養母が卯女《うめ》であった。

〈一高にトップ入学〉

公明は、幼少期から学力が抜群に優秀な子として育った。彼は上道郡富山小学校から岡山県立岡山中学校（現・朝日高等学校）を経て、1919年4月に旧制第一高等学校（以下、一高という）にトップ入学した。当時、旧制高等学校は全国に一～八高までのナンバースクールのほかに、地名を冠したネームスクールなどがあったが（最終的には35校）、それらの高等学校の頂点に君臨していたのが一高であって、同校は「東京帝大に入るよりも一高のほうが狭き門で難しい」といわれていた。
しかし公明は、高等学校2年生頃から天分と愛情（愛欲）の問題に直面し、苦悩と煩悶の生活に陥ることになる。この頃に彼は、東京帝国大学から出講してきた河合栄治郎を囲む読書会に参加し、河合の影響を強く受ける。公明は1922年3月に一高を卒業して、同4月に東京帝国大学法学部に入学する。しかしながら彼の苦悩と煩悶はますます深刻化し、少年期から抱いていた「官吏を経て政治家へ」というコースを放擲《ほうてき》する。

〈立身出世コースを放擲して修行生活に〉

公明は1925年3月に同大学を卒業するが、就職しないで直ちに西田天香主宰の一燈園《いっとうえん》に入り、托鉢の修行生活に身を投じる。入園の目的は随喜の感情を体得するためであったが、2年半後には挫折して退園する。その後、病気静養中であった一高時代の親友苅部一衛を越後の曽根村（現・新潟市西蒲区鱸《すずき》）に訪ね、そこで借家生活をしながら晴耕雨読の生活を約1年半過ごした。しかし、宿年の悩みは解決せず、諸般の事情もあって大阪に戻ることになり、大阪郊外（池田市）の順正寺《じゅんしょうじ》で坐禅修行に入った。

(2) 学究的教育者の道に

〈旧制高知高校の教授に〉

公明は大学卒業後5年間の放浪生活を経た1930年3月に、恩師河合の紹介で旧制高知高等学校の「法制経済」の講師（半年後に教授に昇進する。）に就任する。教職に就いた塩尻は「一四《いちよん》の原則」（注・毎日、1時間の坐禅と4時間の勉強を実践する、もし実行できないと後日に履行するという生活法）を自らに課して猛勉強を続けるとともに、真摯で誠実な教師として学生指導に当り、学生たちから絶大なる信頼と敬愛とを得る。この時、本稿の2人の主人公である塩尻教授と生徒であった木村久夫とが講義を通して出会うことになる。塩尻の講義と人間的魅力とに感動した木村は、それ以降、塩尻を尊敬するとともに、塩尻に「学僕」のように付き慕いつつ指導を受ける。この間の事情については、本稿の以下で詳細に論じる予定である。

〈一高教授を断って神戸大学教授に〉

塩尻は戦前においても東京都内の旧制高校に幾度も招聘される機会を得たが、断り続けて高知で猛勉強を続けた。敗戦直後の1946年2月には、彼の母校である旧制一高の教授に招聘されるが、高知高校生たちの留任運動によってあっさりと就任を断った。

しかし塩尻は、学制改革期の1949年に新制神戸大学から請われ、同年7月に師範学校から昇格した教育学部の教授に就任する。看板教授であった彼は、着任2年後の1951年に教育学部長に選ばれ、4期8年間その職にあった。その間に、彼は創設期の学部の充実と発展とに尽力した。名教育学部長の誉れが高かった。その後、彼は二度、神戸大学の学長候補に推されるが、塩尻学長は実現しなかった。彼は1965年3月に神戸大学を定年退職、教育学部第1号の名誉教授の称号を授与された。

〈帝塚山大学の教壇で仆《たお》れる〉

1965年4月から、塩尻は私立の帝塚山大学（教養学部）教授に就任する。しかし体調芳しくなく、まもなく長期の闘病生活を余儀なくされる。やっと小康を得て講義を再開するまでに至るが、1969年6月12日、教壇で「現代社会制度の研究」の講義中に心筋梗塞で仆れた。民主主義を基礎づける5つの基礎理論を構築するために〝70歳まで生きる〟が口癖であったが、未完成に終わった。享年67歳であった。

一高時代の公明

高知高校で授業前の公明と学生たち（1930 年）

高知高校時代の公明（1940 年頃、久夫撮影）

神戸大学時代の公明（1955 年）

高知高校時代の公明（久夫撮影）

帝塚山大学時代の公明

書斎の公明（1968 年頃）

2　木村久夫の生涯と塩尻公明

（1）病弱児として生まれる

〈資産家の息子として生まれる〉

以下では、木村久夫の短かった生涯を辿ってみよう。

木村久夫は、1918（大正7）年4月9日、大阪府吹田市の資産家の一人息子として生まれた。後に妹（孝子《こうこ》）が一人生まれている。

父の木村 久は、当時の千里村の村長であり、母は、実父が生涯他人の世話ばかりして暮らし、今も彰徳碑が残っているような人の血筋の方であった。久夫には、こうした両親、とりわけ母の血筋から来るところの愛情的天分をたっぷりと受け継いだところがあったようで、後に塩尻は「或る遺書について」の中で、久夫の人柄を次のように書いている。


木村君を安んじて死なしめた原動力のいま一つの要素は、彼の恵まれた天分の一つであったところの、生まれながらの愛情の深さと大まかさとであったと思われる。彼の母方の祖父は吹田市近郊の有名な義民農夫であって、生涯他人の世話ばかりをして暮したと言う、今もその土地に彰徳碑の残っている農夫であった。木村君が友人の世話をするためには甚だ親切で大まかで実にきれいに物ばなれもしたということは、単に彼の家になお相当の資産があって食うには困らなかった、という経済的事情だけでは片づけられないものがあった。彼には学問的天分よりももっと貴重な愛情的天分があった。(4)

〈幼少期は病弱児〉

久夫は早産児であったためか、幼少期は病弱児であったようで、その彼が何とか育ったのは「祖母の実家が代々医者」をしていたからではないか、ということであった(5)。久夫は1925（昭和元）年4月に千里第二尋常小学校に2期生として入学したが、「小学校5年生頃迄は殆ど通学出来なかった」という。なお当時の千里第二尋常小学校は、一年生から四年生までが分教場時代であり、久夫が卒業する1931（昭和6）年頃にようやく男女で1クラスが組めた小規模学校であった。千里第二尋常小学校時代の久夫は、病弱という状態であったので、さすがの教育熱心であった父親も、彼の健康状態から考えて、「義務教育だけで終わらせておくより仕方がない」と諦めていたようであった。

〈中学進学を希望する〉

しかし小学校を卒業する頃になって、久夫自身が中学校に行きたいと強く希望するようになったので、父親は久夫を中学校に行かせることにした。当時、吹田から進学する中学校としては北野中学校と豊中中学校とがあったが、親たちは久夫の健康状態や教育環境状況等を考えて、豊中中学校がよいだろうという結論を出した。筆者は、この決断には「小学校5年生頃迄は殆ど通学出来なかった」久夫の学力の到達度も考慮したのではないかと考える。というのは、北野中学校は府立第一中学校で、その入学は難関中の難関であったので、安全を考えて、一段下の豊中中学校を選択したのではないかと推測するからである。

〈教育熱心な両親〉

さて豊中中学校に入学した久夫であったが、昭和一桁頃の当時にあっては電車の便も悪かった。まして久夫は病弱な躰であったので、自宅から交通の不便な学校へ通う体力のなさが心配された。そこで木村家では、家族3人（母、久夫、孝子）が豊中中学校の近くに移住し、村長をしていた父親は、そこから村役場に通うことにしたという。久夫がいかに大切にされていたか、また両親がいかに教育熱心であったか、さらにまた両親が長男の久夫にいかに期待していたかを窺うことができる。

（2）高知高校に入学

〈一浪して高知高等学校に入学〉

久夫は豊中中学校を卒業したのち、一浪して１９３７年4月、ネームスクールのうちの１つであった旧制高知高等学校（以下、高知高校という）に入学する。

旧制高知高校は、１９２２（大正８）年８月24日に設立された。同校の第１回入学式が挙行されたのが翌１９２３（大正９）年4月6日であったので、久夫は15期生として入学したことになる。

当時の高知高校は、浪人学生の間で流行った替え歌の中に「流れ流れて落ち行く先は、北は弘前、南は高知」と歌われていたように、比較的入学し易い高校であった。しかしその代わりに、全国から学生たちが集まってきていて、自由な気風が強かった(6)。

〈放逸の高校生活〉

久夫はどういう高校生活を送ったのであろうか。それを、高知高校でクラス担任であった八波直則教授の記述から紹介しよう。

まず木村家では、ひとり息子が家を遠く離れた高知で学ぶことになり、〝すわ息子大事！〟ということで一家を挙げて高知に移住し、高知高校に近い新屋敷に立派な家を借りて住んだ。しかも、妹の孝子も高知の第二女学校に転校させるという徹底したものであった。父親は大阪―高知を行き来していたという(7)。

さて、当人はどうであったろうか。八波は、久夫の当時の行状を次のように書いている。

木村久夫は大阪の資産家のひとりむすこで、高知高校入学とともに両親は挙家高知に移住し彼を自宅通学させた。ところが、高校生の自由独立の気風が彼を親の意向とは逆にむかわせ、彼は学校を休み寮や友人の下宿を泊まり歩いたりして、一年原級した。学科の好悪が多く、某教授の講義など前年同様だとて最前列に出席しながらノートをとらず、にらまれてまた落第点をもらったりした。(8)

高校生活は乳離れしての、オトナになる修業だ。このひとりむすこは、父の素行が母に与える精神的違和もある家庭がおもしろくなく、友人たちと遊び歩いて家をあけることが多くなり、級担任、指導教官徳田弥先生と私とは度々母の相談を受けることになる。学科にも好悪があり、原級二回。(9)

塩尻も「或る遺書について」の中で、当時の久夫の無頼《ぶらい》ぶりを次のように書いている。

彼は所謂秀才肌の学生ではなかった。殊に高等学校時代の初期には家庭的な葛藤、殊に父親と母親とが感情的にしっくりゆかず、父親にはかなり封建的な我儘が見られるということを苦にして、勉強も手につかず、写真を写してまわったり、喫茶店めぐりをしたり、酒を飲んで町を歩いたりしていたので、学校当局からは無頼の生徒と見られ、友人や町の人々からも放逸の生徒と見られていた。殊に講義のより好みをして彼の好まぬ講義は徹底的にさぼるので、教師たちの人望も甚だ芳しくなかった。…彼は卒業すべき年に落第して三年生を二回繰返さねばならなくなった。欠席日数が多過ぎたり嫌いな講義の勉強をおろそかにしたりしたためである。(10)

久夫自身も、自分の高校生活が荒れていたことを自覚していたらしく、彼の自伝的小説「物部川」(11)で、主人公の謙蔵の行動を次のように書いていた。

学校の無責任なすべての講義に嫌悪を覚え、無視していた彼…。深刻な家庭苦に悩み、学校を無視するのあまりに、他の教授たちから白眼視され、日々酒の巷を徘徊していた…。(12)

久夫の高校生活の荒れは、自由で独立な校風、父母の夫婦間の深刻な葛藤、父子間の感情的対立、学校の教師や講義への徹底的な嫌悪とサボりなどが幾重にも重なって生じていたと考えられるが、そこには、久夫自身の我儘と甘えと未熟さとがあったとも言わなければならないであろう。

こうした結果、彼は同校で2回の落第を経験するが、2回目の落第の時は、さしもの久夫にもショックであったようである。久夫はその時の心の動揺とやるせなさとを、先の「物部川」で謙蔵に次のように語らせている。

3月の始め、卒業の予定だった謙蔵に大嵐が吹きまくり、彼は落第の憂き目を見たのだった。落第はこれが始めてではなかった。2年生から3年生になるときにも落第をした。「おれは落第の常習犯だな」とそう思って苦笑した。母は悲嘆にくれた。殊に永年のいきさつのある父は学校をやめてしまえと言った。長い間父の横暴に苦しめられてきた彼は、こんなに侮辱されるよりは、いっそのことこの機に学校をよして一農夫になって一生を送ろうかと考えた。何の屈託もない農夫となって楽しい家庭生活に一生を送るのもともと大きな理想であった。幾重にも重った家庭苦の中に育ってきた彼にこれが最終の目的となったのも当然であった。(13)

〈家庭不和に悩む〉

塩尻も「或る遺書について」で、久夫が木村家の家庭不和と葛藤とについて次のように嘆いている手記を次のように紹介している。

私の最も気がかりなのは、私の死後一家仲よく暮して行って下さるかということです。私の記憶にある我が家は決して明朗なものではなかった。私が死に臨んで挨拶する父の顔も、必ずしも朗らかな笑顔でないことは悲しいです。何うか私の死を一転機として、私への唯一の供養として、今後明朗な一家として日々を送って下さい。不和は凡ての不幸不運の基のような気がします。因縁論者ではないが、このたびの私の死も、その遠因《えんいん》の一部が或は其処から出ているのではないかとも強いて考えれば考えられないこともないかも知れません。新時代の一家の繁栄のために、唯々和合をばモットーとしてやって下さい。これが私の死に当たって切に父に希う一事であります。(14)

木村家の家庭不和の原因は、推測するところ、地方の政治家であった父の女性問題であったのであろう。この家庭不和は、家庭内では収まらず、親戚の御祖母にも世話をかけたようである。何となれば、久夫は親戚の御祖母の恩誼に対して、次のような感謝の言葉を捧げているからである。

家庭問題をめぐって随分な御厄介をかけた一津屋《いちつや》の御祖母様の御苦労、幼な心にも私には強く刻みつけられていた。私が一人前となったら、先ず第一にその御恩返しを是非せねばならないと私は常々それを大切な念願として深く心に抱いていた。然し今やその御祖母様よりも早く立って行かねばならない。此の大きな念願の一つを果し得ないのは、この私の心残りの大きなものの一つである。この私の意志は妹の孝子に依り是非実現されんことを希う。今まで口には出さなかったが、此の期に及んで特に一筆する次第である。(15)

父の女性問題から生じる家庭不和は、久夫の幼い頃から絶えず木村家を悩ましていた問題であったようで、久夫は長男として心を痛めていた。この問題は、久夫の高校時代も依然として続いていたようである。

〈落第で退学を考える〉

2回目の落第の憂き目を前にして、本人は「おれは落第の常習犯だな」と自嘲し、母は「悲嘆にくれ」、父は「学校をやめてしまえ」と怒鳴った。親の過重な期待は子どもの重荷となり、子どもを苦しめた。逃げ道は何か。彼が考えた道の一つは、退学して農夫になることであった。彼はその道を真剣に考えたようである。

塩尻は久夫から相談を受けたようで、その時の彼の考え方を「或る遺書について」の中で次のように書いている。

及落会議の結果が発表されたときに彼は学校をやめることを考えた。彼の特に嫌った一、二の講義を思い浮かべて、いま一度あの講義を聞かねばならぬと思うと到底辛抱ができない気がしたのであると言う。(16)

2回目の落第で落胆失望して退学まで考えた久夫であったが、彼は安易な方向へは逃げなかった。

(3) 塩尻公明に魅了される

〈学問探求への目覚め〉

おそらく塩尻や徳田や八波の説得と励ましとがあったのであろう。久夫は学業を続ける決断をする。その経緯を、八波は次のように書いている。

原級2回。裏の2年のとき塩尻先生の法制、つづいて3年次の経済の講義が彼を魅了した。自己の進むべき道は社会科学の勉強だ！(17)

久夫自身も「物部川」で、考え続けた末に出した謙蔵の決意と歓喜とを次のように紹介している。

彼は思い迷った。二階の自室にとじこもって一歩も外へ出ず考えつづけた。…「そうだ。おれはどうしても本から離れられない。己の生命はここにある」…「よし、おれは勉強する。社会科学に一生を捧げる。誰が何と言っても一歩も退かないぞ」—彼は歓喜を覚えるとともに、新たな第二の出発へと心の中で立ち上がった。

思えば彼の経済学への着手は1年ほど前に遡る。学校の無責任なすべての講義に嫌悪を覚え、無視していた彼に唯一の光明を与えてくれたのは恩師塩尻教授であった。

深刻な家庭苦に悩み、学校を無視するのあまりに、他の教授たちから白眼視され、日々酒の巷を徘徊していた彼を更生せしめ、暗中の一灯を与えて下さったのは実に恩師塩尻氏であった。いや、恩師という言葉のみではすまされないものがあった。

「塩尻先生はおれの産みの親だ。育ての親だ」と彼が常に親友千頭に語っているのは、彼の心情を端的に表わすものだった。

いま新たに「おれは勉強するんだ」と決心した彼は、早くこの決心を述べて、色々と心配して下さっている塩尻先生に安心してもらわねばならないと思った。(18)

久夫に「塩尻先生はおれの産みの親だ。育ての親だ」と言われた当の塩尻は、このあたりの状況について「或る遺書について」で次のように書いている。先の引用と重なる個所があるが、文意を考えて敢えて引用する。

及落会議の結果が発表されたときに彼は学校をやめることを考えた。…然るにその夜、気分転換のために殆ど徹夜して或る経済学書を読んでいるうちに、尽きざる学問的興味のために憂鬱は一掃せられ、この学問を大成するためにはどんなに厭な一年をも我慢してどうしても大学まで行かねばならぬと考え直して再び学校を続ける気持ちになったという。(19)

塩尻自身は、自分の講義が久夫を「魅了した」とか、久夫に「唯一の光明を与えた」とか、「暗中の一灯を与えた」とか、学問に目覚めた久夫の「産みの親だ。育ての親だ」などとは、一言も書いていない。塩尻は、久夫があくまでも自主的自発的に「或る経済学書を読んでいるうちに尽きざる学問的興味」を抱き、「この学問を大成するために…どうしても大学まで行かねばならぬと考え直した」と書いている。

〈学問への憧憬と猛勉強〉

学問への道、経済学への道に進むことを決断した久夫には、もう迷いはなかった。一徹な心の持ち主の彼には、もはや、学問以外の道は考えられなかった。八波は、その後の久夫の変貌ぶりを次のように表現している。

彼は実家を出て塩尻先生の家の隣家に下宿し、先生の学僕ともいうべき生活に入る。猛烈な読書。先生の啓発でJ・S・ミルなどを原書で読むばかりか、経済原論の翻訳にもとりかかった。(20)

しかし、最終学年になると心機一転して、塩尻教授について経済学の勉強をはじめ、京大経済学部に入学したのである。(21)

久夫も「物部川」で、謙蔵が下宿して学問に傾注していく姿を次のように記述している。

指導教官徳田弥先生と八波直則先生とにわずらわしい手数をかけて、謙蔵が漸く家を離れて、新学期から下宿し得るようになったのは、それから間もなくであった。彼の心の平静を常に破っていた家を離れて、自分独りの生活をし得るようになったことは、今度の彼には大きな精気を与えてくれるものであった。(22)

塩尻も「或る遺書について」の中で、久夫の心機一転振りと猛勉強振りとを次のように書いている。

然し乍ら、彼の内には、こういう表面の姿からは想像もつかぬような真摯な好学心が潜んでいて、簡潔な不自由な衣食住にも耐えて幾日でもぶっ続けに勉強に没頭することの出来る逞しい力をもっていた。自分が彼の提出した論文に対して些《いささ》かの批評や感想を与えると、これに感激してまた驚くほどの労苦を投じて新しい論文を作り上げた。最初は政治学的なものを書いていたが、徐々に経済学的なものに深入りしてきた。二年生の頃の論文はやたらに広く読んで其等の材料をつなぎ合わせたものに過ぎず、たゞその読書の量に感心する程度のものであったが、三年生になると次第に自己独自のものを閃《ひら》めかすようになった。「このように難しいものには私にはとても手が出ません」と語っている難解の書物を、一、二ヶ月の後にはいつのまにか読んで了《しま》っているので、こちらが驚かされた。読書の範囲も哲学、経済学、政治学、歴史学など広汎な領域に亙っていて、結局は経済学専攻ということに決めたのであるが、彼のねばり強さと広汎な理解力とを以てすれば、彼が所謂俊敏な秀才肌でなかったことの故に、却ってむしろ重厚な学徒らしい学徒となり得る可能性が大であったのではないかと思う。学問への興味が増してくるにつれて、彼の「聖僧」的な要素が愈々圧倒的に全生活を支配するようになり、休暇などには、幾十日を山間の小さな宿屋などに閉じこもって、昼も夜も読書や論文の起草に没頭するようになって来た。(23)

〈塩尻の学僕的生活に入る〉

久夫の塩尻への傾倒と心酔とは、久夫をして塩尻宅の隣家に下宿し、塩尻の学僕ともいうべき生活に入らしめた。久夫はいつも、塩尻の後をついて廻るほどになった。そうした久夫のことを塩尻は、「或る遺書について」の中で、次のように書いている。

一週一度の自分の面会日には欠かさず自分の家に入り浸りになり、自分が転居すると彼も自分の家の近くに下宿を転じてくる、という程に人なつっこかった。講義用のプリントを刷ることや書斎の整理をすることや、其他家庭生活の雑事に至るまで、気がつくことは何事でも「先生手伝いましょう」と申出てくれて、自分はこの世の中にこれ程喜んで人の助力を申出るものがあるのに驚く位であった。自らは屡々徹夜に近い程の勉強を続けている若い学生が、同時にこういう物惜しみしない助力を申出るということは、よくよくの天分でなければ出来ることではない。(24)

久夫は、塩尻の講義用プリントの印刷や書斎の整理や家事の雑事に至るまで手伝う他に、塩尻の「不遇」なる人生（運命）について同情もし、憂慮もしていたようである。そして、何処までも恩師と行動を共にしたいという希望を述べていた。塩尻は言う。

幾年か前の彼は、時々彼の所謂「先生の不遇」なる言葉を以て自分をあわれんで呉れたものである。生徒にそういう感じを与える程に自分は不遇顔をしていたのであろうかと恥しく覚える。だが彼の愛情はありがたく受取らなくてはならないのである。…彼は「先生の行くところならどんな田舎でもついて行きます」とよく言っていた。(25)

〈研究成果の発表〉

先に塩尻が「三年生になると次第に自己独自のものを閃めかすようになった」と書いていたように、久夫は最終学年に、高知高校の学友会誌『南溟報国会誌』に経済学のかなり長篇の論文を寄稿した。それが「転換期に立つ経済学・序論―政治経済学論争に際して―」(26)である。専門外の筆者には、同論文の内容を適切に解説する力量のないことが悲しいが、高校生の身でありながら、経済学の基本文献の理論を整理して解説しつつ厳しい批評を加えている同論文は、なかなかの力作であるように思われる。

同論文の「あとがき」の末尾で、久夫が次のような謝辞を書いている。そこには、彼の高校生活の総括としての処女論文発表の感激と、5年間にわたってお世話になった3人の恩師たちに対する感謝の気持ちが示されている。

以上粗雑にして未熟なる労作であるが、私にとっては長き学問修業上の記念す可き一里塚であり、又過去永きに渉る高校生活を顧みる時、精神的、学問的に日夜御指導下された恩師塩尻教授への報恩の一つとして、また一身上の面倒な諸問題になで常に慈父の如く御指導下された尊敬せる徳田、八波両教授への感謝の念の一つの現はれとして、本論を公にした次第である。今や私が感激に溢れつゝ此処に筆を擱く事の出来るのも、実に三先生のお蔭に外ならないのである。(27)

しかし同論文が、久夫の学問研究者として出発することを宣言した記念すべき処女論文であったと共に、最後の論文になったことは、何としても寂しいことであった。

（4）京大生となる

〈京大入学と経済学研究〉

久夫は1942（昭和17）年3月に高知高校を卒業して、同年4月に京都帝国大学経済学部に入学する。経済学研究を目指して入学した久夫であったので、彼の学問研究への情熱はますます燃え上がった。それを示す久夫の4月26日付の手紙が、クラス担任であった八波に送られてきた。八波によれば、久夫の手紙は次のような内容であった。

京に来て早や1月、漸く心が落ち着きだした次第です。いよいよ本格的勉強に掛っています。塩尻先生、八波先生の向うを張って小生も翻訳（経済原論）を始めています。8月頃には是非完成させたいと意気込んでいます。その節はご一読下さい。…高等学校時分とは正に百八十度反対の気分をもって通学しています。何を申しても〝好かぬ教師〟の顔を見ないだけでも愉快です。…

小生徴兵検査の結果は第二乙種でした。この分では大戦争のない限り大丈夫です。喜ぶというと非常時性に反しますが、今後限りなく勉強をつづけて行けると思うと何だか私に課せられた運命の如く思われ益々今後の精進を誓う次第です。(28)

〈充実した大学生活〉

久夫は、入学後1カ月も経っていないのに本格的に勉強体制に入ったこと、経済原論の翻訳を開始したこと、その作業を4カ月後の8月には完成させる予定であるので完成した暁には読んで欲しいこと、大学には高等学校にいたような〝好かぬ教師〟がいないので愉快であること、さらに、徴兵検査の結果が第二乙種であったので大戦争のない限り応召の心配がないことを、恩師に報告したのであった。おそらく久夫にとって、学問に熱中できることと応召のないことが二大朗報であったであろう。

なお、同手紙には、次の短歌二首が添えられていた。

わが心すがしくあれと比叡が峰の春の山肌遠く眺めぬ
眠られぬ夜はまたしても思ふかな鏡川猪野々の里を

久夫にとって京都の生活は充実したものであった。そして、苦悩と憂鬱の生活を送らざるを得なかった高知の苦かった数々の思い出は、今や尽きることのない大切な心の宝物となっていた。久夫の現在の生活は、すべてが順風満帆であった。そのためか久夫は、自分にも少し運が向いてきたのかと思い、戦時中とはいえ、好きな学問に没頭できる現状を喜び、今後の精進を誓ったのであった。

(5) 小説「物部川」の執筆

〈自伝的小説「物部川」〉

久夫は高校時代の或る時、恩師の塩尻に「先生から頂いた手紙なども全部保存してあるから、いつかきっと先生のことを書きます」[29]と言っていたという。彼は律儀にも、その約束を果たすべく取り掛かったようである。それが、久夫の生い立ちを日記風に綴った未完成の小説「物部川」である。

「物部川」は300字原稿用紙で14枚の短い文章で、冒頭に「此の一篇を塩尻先生に捧ぐ」

という添え書きがついている。すでに筆者は「物部川」の中から幾つかの文章を引用してきたので、読者はその内容の一部分を御存知であるが、脚注でほぼその全文を掲載しておくことにしたい(30)。

「物部川」は自伝的小説であるので、読み易い。登場人物の謙蔵が木村久夫本人であり、その他の人々も実在の人々である。それゆえに、生々しい感じがしないでもない。しかし、その生々しさが久夫の置かれた状況と心境とをリアルに描き出している。全篇を貫いている精神は、若き学徒の学問研究に対する強烈な決意と熱意とであり、恩師塩尻に対する学恩である。

〈「物部川」についての若干のコメント〉

「物部川」について読者の理解を容易にするために、若干のコメントを付しておこう。ただし未完成である小説「物部川」の小説としての評価については、ここでは論外としておこう。

第1は、小説「物部川」に出て来る「物部川」と「猪野々の里」についてである。「猪野々の里」とは、剣山の山裾を源として南国市の土佐湾に流れ込んでいる物部川の上流の山峡に囲まれた集落で、現在は高知県香美市香北町猪野々のことである。市とはいえ、高知自動車道南国ICから県道31号、国道195号を徳島県境に向って1時間弱走り、今は有名なアンパンマン・ミュージアムを通り越してまもなく県道217号に逸れて約半時間、物部川の上流に架かる橋を渡ると、そこが猪野々である。その里は山麓から山頂近くまで民家が散在しており、今の言葉で言うならば限界集落というところであろうか。集落の中心にモダーンな建物がある。それが香美市立吉井勇記念館である。

第2は、文中に「猪野々という所に田舎温泉があり、歌人吉井勇氏が滞在していたことがある」とあるが、これは、妻のスキャンダル事件に遭遇した勇が隠遁生活を求めて、1934（昭和9）年から約3年間、猪野々に滞在したことを言ったものである。香美市立吉井勇記念館は、村おこしの意味をも込めて、猪野々の住民が勇を記念するために建設を主導したという。同館では、勇の生涯や猪野々での生活を作品・遺品と映像とで紹介している。敷地の一隅に勇の歌碑（「寂しければ御在所山の山櫻咲く日もいとど待たれぬるかな」）が建立され、近くに、当時、勇が住んだ草庵（渓鬼荘《けいきそう》）が移築されている。

第3は、謙蔵がたびたび足を運んだ旅籠《たびかご》とは、猪野沢温泉の旅館依水荘《いすいそう》のことである。勇のファンであった久夫は、この依水荘をたびたび訪れ、時々は長期滞在して読書の日々を送った。そういう客であったから、宿の一家とは家族のように親しみ、いつの間にか宿泊帳に記帳しない客になったという。

塩尻も1935年以降、試験答案の採点や原稿の執筆のために幾度か訪れたようで、当時を知る八波は、依水荘の宿帳に彼の独特の字体の自署が見られたという(31)。

しかし、この依水荘は1998年12月に全焼してしまった。この火事で旅館が保存していた有名人の貴重な文学的資料とともに、宿帳のほとんども焼失してしまったが、水浸しの書類の底の方から、1冊だけが焼け焦げた状態で発見された。しかも幸いなことに、その宿帳の或る頁の宿泊者の欄に、木村久夫の自署が残っていた。筆者は2013年8月25日に香美市立吉井勇記念館で開催中の「特別展　学徒兵　木村久夫、とどけ!命の歌声」(2013.7.31~9.30)で、その名前を見ることができた。残念ながら、塩尻の自署は残っていない。

第4は、「彼の読書の癖として、左手に定規、右に赤鉛筆を持って克明に要所々々に線を引っぱっていた」と書いているが、この線引きは、久夫の読書する際の習慣(癖)であった。

筆者は、2013年11月10日に高知大学総合情報センター(中央図書館)で開催中の「学徒

兵　木村久夫資料展」（第4回高知大学ホームカミング記念展・2013．11．7～11．13）で、木村久夫の蔵書の展示の書籍のそれぞれに、先の引用文と同じ傍線を見ることができた。それればかりではない、頁の欄外余白に鉛筆で書かれた端正な書き入れを見て、筆者は思わず、戦犯として死刑判決を受けて獄中にいた彼が『哲学通論』の欄外余白に書いた手記（メモ）と同じであることを思い出した。さらにまた、久夫の書き込みの方法は、昔、筆者が塩尻宅の書斎で見た塩尻の書籍の書き込みのそれと同じであることも思い出した。おそらく久夫は高校時代に、恩師塩尻の書き込みの手法を学び、実行していたと思われる。

ちなみに筆者は塩尻が書いた講義原稿や挨拶原稿や論文などを拝読する機会に恵まれたが、そのすべては彼独特の筆跡による鉛筆書きであった。しかし塩尻の原稿の欄外に書かれた書き込みについては、その多さと複雑さともあって、よほど読み慣れた人でないと読み切れないと思った記憶がある。恥を承知で告白すれば、筆者もすべて読み切れなかったからである。

第5は、久夫が「物部川」を書いた時期についてである。「自序」では「昭和17年7月2日」と記しているので、一応、その日に「自序」を書いたと考えてよい。それでは、「物部川」を起筆したのはいつか。八波は、「物部川」が書かれている自由日記（三省堂版、昭和16

るところから、起筆は「昭和16年12月」ではないかと類推している。

現物の原稿を見ていない筆者は八波の文章から推論するしかないのであるが、次のように考えている。

「物部川」の内容と「自序」の「日記風の記録」という記述とから考えて、久夫は「昭和16年12月」に猪野々の旅館に出かけ、その10日間前後の滞在中に、過ぎし5年間に及ぶ高校生活を回顧しながら、「物部川」のほとんどを日記風に書きあげてしまったのではなかろうか、と。

ちなみに、日記帳の見返しの「昭和16年12月　経済学研究の第二期出発に際して」という久夫の記述は、「物部川」の中の「新たな第二の出発」という文言に符合している。また見返しの記述は、久夫が学友会誌『南溟報国会誌』に寄稿した論文(33)を「10月5日」に脱稿したので、それを経済学研究の第一期の終了とし、その直後（11〜12月頃）に日記帳を購入し、「経済学研究の第二期出発に際して」と記述したのではないか。書籍の購入日や読了日を記載するのは、久夫の習慣でもあったからである。

さて再び「自序」の「昭和17年7月2日」に戻るが、その日は久夫が京都大学経済学部に入学して約3カ月後のことである。おそらく大学生になって気分的に一段落した久夫は、日記帳を取り出して、未完のままに放置していた「物部川」に手を加えようとしたのであろう。そして「自序」を書き加えて、また、そのままにしておいたのではなかろうか。

というのは、彼はこの3カ月後の10月に、「大戦争のない限り応召の心配がない」と考えていた予測が外れて召集され、そのまま征《ゆ》きて帰らぬ人となってしまったからである。その結果、「物部川」は永久に未完成のままに終わったということである。ただし未完成のままでも、「物部川」が久夫の遺品の一つとして後世に残されたことは不幸中の幸いであった。

第6は、「物部川」には若き学徒である木村久夫の真理探究に対する限りない憧憬、学問研究に対する強い意志と意欲、社会科学研究を通して学問と社会への貢献が鮮明且つ強烈な迫力で描かれているということである。

久夫は文中で、谷口義彦著『新体制の理論――政治・経済・文化・東亜の新原理――』(34)を読んで、次のような厳しい批判とその止揚とを宣言して、自分の社会科学研究への決意を述べている。重複するが引用する。

谷口氏の著書はむしろ愚著というべきで、あらゆる欠点、矛盾が明らかに尻尾を出していた。しかし今日の彼には、その矛盾が却って彼を社会科学に愛着せしめたのであった。「こんなことでどうなる。これが新体制か。かく安易な新体制論が横行する間は日本の現状は決して安心できない」と感ずるとともに、「この俺がやるんだ。この己が少しでも貢献がしたいのだ」と彼の心の中何かがこう絶叫するのだった。

「よし、おれは勉強する。社会科学に一生を捧げる。誰が何と言っても一歩も退かないぞ」―彼は歓喜を覚えるとともに、新たな第二の出発へと心の中で立ち上がった。

久夫の目指す経済学とは、神がかり的で非科学的な経済学ではなくて、社会科学としての経済学であった。それは、おそらく恩師の塩尻の平和と民主主義とヒューマニズムに立脚した科学的な経済学または政治経済学であったように思われる。何となれば、「いま新たに『おれは勉強するんだ』と決心した彼は、早くこの決心を述べて、色々と心配して下さっている塩尻先生に安心してもらわねばならないと思った」と続けているからである。

（6）応召と非業の死

〈応召、そして戦争犯罪人として処刑〉

運命は非情である。久夫の予測は裏切られることになった。京大入学から約半年後、「物部川」の「自序」を書いてから3カ月後の10月1日に、彼は応召されて陸軍大阪中部第23部隊に配属されることになった。もっとも病弱であった彼は入隊早々に病を得て、約1年近く病院生活を送ることになったが、退院直後の1943年9月にインド洋のカーニコバル島に派遣されることになった。

もともと軍隊と戦争とを大層嫌っていた久夫は、幹部候補生試験も受けることなく従軍して、終戦を一介の下級兵士（陸軍上等兵）のままで迎えた。しかし英語ができ通訳官をしていた彼は、終戦直前に起きたスパイ事件に関係した容疑で戦犯として捕えられ、イギリス軍の軍事法廷で死刑判決を受ける。上官の参謀が彼に真実の陳述を禁じたために、彼は上官の罪を被ることになったという。この経緯について塩尻は、次のように書いている。

木村君は昭和17年3月高知高等学校を卒業して京都帝国大学経済学部に入学、その新しい制服もまだ十分に着慣れぬうちに応召入隊、入隊早々病気にかゝり1カ年近くの病院生活を送ったが、退院するや否や南方派遣軍に加わって内地を出発、約1万人の陸海軍人と共に印度洋の一孤島、ほぼ淡路島ほどの大きさをもつカーニコバル島に上陸、いくたびかの激しい戦闘ののち、その地で終戦を迎えるに至った学徒兵の一人であった。カーニコバル島の島民中には英語を話す印度人も少なくなく、中には大学を卒業して木村君の好んだ種類の書物を数多く所蔵しているものもあり、彼はそれらの印度人と親しみ、其等の書物を次々に借り受けて盛んに勉強していたそうである。また、激しい戦闘のあいまにも、故郷の家に残して来た、苦心の蒐集に成る愛蔵の書物のことをいくたびとなく懐かしそうに、また誇らしげに口にしていたそうである。英語も非常に熟達して、軍中で一、二を争う通訳となった。然しこのことはまた彼の不運の原因ともなった。島民に対する様々の指令や調査や処罰などの凡ゆる場合に、彼は通訳として関係しなくてはならなかった。殊に終戦の直前に島民中のスパイの検挙が行われて多数の印度人が処刑されたとき、その命令を下した上官たちの当然に荷うべき責任の多くが、彼らの卑怯な言い逃れや木村君の遺書に現われているような事情などによって多く彼の一身に負わされることになった。既に激しい暴行を受けて瀕死の状態に陥っていた犯人が彼にさげ渡されて、彼が困却しているうちに死んでしまった、というようなことも起こった。英軍の上陸後にこの処刑事件が問題とされるに及んで、彼は軍司令官某中将、兵団長某少将、その他の高級武官たちと共に軍事裁判に附せられ、戦争犯罪人として死刑の宣告を受け、ついに昭和21年5月23日シンガポールの刑場に異境の露と消えるに至ったのである。(35)

執筆に当たって塩尻は、帰還した同僚兵士や他久夫を知る人々から久夫の戦場での状況や軍事裁判の情報等を収集して書いたと思われる。またこの記述は、おそらく久夫の非業の死の経緯を記述した最初の文章であると思われる。

〈不運な死の経緯〉

昨今、イギリス軍の軍事法廷における久夫の裁判の研究もなされているので(36)、それらの研究の進むことを期待したい。しかし筆者には、久夫の行動が死刑に値したかについては大いに疑問である。

以下では、久夫が不運な死に遭遇せざるを得なかった経緯の一部をリアルに紹介している『東京新聞』の次の記事を引用しておきたい。

終戦間際に起きたひとつの事件が運命を変えた。発端は単なる米泥棒だった。45年7月、木村は民政部の上官に住民3人の取り調べを命じられる。先に尋問した陸軍から重大情報が伝えられていた。住民が信号弾を打ち上げ、英軍に情報を流している——。スパイ容疑である。

島への英軍上陸が近いとささやかれていた時だった。

調べで木村は、首謀者がインド人の医師ジョーンズであると聞き出す。「情報を得るため、棒で打った」。調書で木村は、こう認めている。

三日後、高齢の容疑者が死亡した。引き渡された時、既に衰弱しており、木村は一時間半調べただけだ。だが、このことが後に問われる。

陸軍は、木村ら民政部の調べを手ぬるいと指弾し、元警察官の兵士らに過酷な取り調べをさせた。芋づる式に「スパイ」が増えていった。

民政部の大尉鷲見《すみ》豊三郎の手記によると、参謀らは「こんな調査は1日に10人ぐらい死んでも構わぬ覚悟でやらにゃ」「睾丸を火であぶったらどうじゃろ」と言った。

陸軍本部付の通信兵だった磯崎勇次郎（92）＝千葉県鴨川市＝は、取り調べの警備担当として現場に立ち会った。「火責め、水責めです。火膨れの体から水が出て、傷だらけになっている。『やったろ！』『ノー。ノー』『ノーか、イエスか！』。調べといってもその程度でした」

こうして多数の住民がスパイ行為を「自白」し、7月下旬から8月半ばにかけて81人が「処刑」された。このほか取り調べ段階で4人が死亡しており、犠牲者は85人に上る。敗戦後、上層部は軍律裁判を行ったように取り繕ったが、実際は開いておらず、事実上の虐殺だった。

すべては参謀らの命じたことだ。だが、戦犯裁判で最も厳しく断罪されたのは、調べにあたった末端の兵だった。司令官の少将こそ銃殺刑とされたが、参謀は無罪、副官の中佐は懲役3年、これに対し木村ら5人は絞首刑―。

木村は初期に8人を調べただけで、「処刑」には関与していない。二度にわたり、裁判長に真相を告げる嘆願書を出したが、退けられた。(37)

久夫は1946年5月23日午前9時5分、シンガポールのチャンギー刑務所で絞首刑《こうしゅけい》に処せられた。久夫は、他の軍人の醜態とは比を絶した立派な態度で死刑台に上ったという。その刑死は、学徒兵がB、C級戦犯として処刑された数少ないケースの一つであったともいう。久夫、享年わずか28歳であった。

(7) 木村の死を嘆く塩尻

〈塩尻は講義中に絶句〉

久夫死亡の報は、1946年の7、8月頃に、久夫の所属していた花岡隊の隊長によって久夫の両親に伝えられた。『哲学通論』も同年の内に届けられた。その時、初めて別に「遺書」があることも分った。これらの情報は、その都度、ただちに塩尻や八波に伝えられたことであろう。

久夫自身、その遺書で、「私の死を聞いて先生や学友が多く愛惜してくれるであろう」と書き、とりわけ「塩尻、徳田、八波の三先生はどうしていられるであろう。私のことを聞けばきっと泣いて下さるであろう」と3名の恩師の名前をあげて悲しんだが、久夫死亡の報を受けた人々も、久夫同様に、否、それ以上に悲しんだに違いない。

塩尻の悲しみ様については、1946（昭和21）年9月に高知高校に入学した松田祥吾が回想しているので、それを紹介しよう。

松田は、久夫の歌碑建立に感謝の意を表するために猪野沢温泉の依水荘の元二代目女将・今戸道子に送った手紙の中で、「60数年も前のことで断片的になりますが」と断りつゝも、「木村久夫さんの（注・非業の死の）ことは塩尻公明教授の講義で知りました」と書き、続けて「昭和22年4月から始まった二学年、一学期の先生の講義は大半、木村さんのことで終始しました」(38)と綴っている。彼によれば、その時の塩尻の話は次のようなものであったという。

先生の言葉には亡き教え子を想う真情が溢れ、戦犯裁判の、いわれなき判決に対する憤りと、何もしてあげられなかったもどかしさで悶《もだ》えるばかりにしておられました。木村さんの吹田での生い立ち、旧制豊中中学校から高知高校時代のこと、京大へ進み勉学の日々が楽しいこと、学徒出陣、カーニコバル諸島守備隊への配属、戦犯裁判と、先生の話は詳細でありました。…

塩尻先生は講義の途中、木村さんのことを思って感極まり、何度か絶句して教壇の上で涙を拭っておられました。私たちも強く胸を打たれ、今もその光景を思い浮かべます。(39)

塩尻の一学期の講義の大半が久夫の話であったこと、また、戦犯裁判の判決に対する憤りと、何もしてあげられなかったもどかしさで悶《もだ》えるばかりであったこと、さらにまた、講義の途中、久夫のことを思って感極まり、何度か絶句して教壇の上で涙を拭っていたという言動の中に、「亡き教え子を想う」塩尻の「真情」を窺うことができる。

〈京大への内地留学中に木村宅を訪問〉

塩尻は1947年の秋から1948年春にかけての3カ月間、京都大学に内地留学する機会を得た。塩尻は相国寺《しょうこくじ》（長得院）に滞在して研究する。

この内地留学時の目的の1つは、京都大学の哲学研究室からイギリスの哲学に関する書物を借り出して読むとともに、メモや抜き書きを作ることであった。この成果は、後に『イギリスの功利主義』（アテネ文庫、弘文堂、1950年）や『J・S・ミルの教育論』（同学社、1948年9月）になって結実した。

2つは、随想文や人生論の準備と執筆とであった。この努力は、やがて『書斎の生活について』（新潮社、1948年6月）と『女性論』（京都印書館、1949年1月）となって結実した。

この頃の驚異的な仕事ぶりについて、塩尻は次のように書いている。

昨年（注・1947年）末3ヵ月の内地留学そのものが今から思えば相当に無理な緊張と努力との連続であったのに、内地留学から帰ると休息もせずにすぐに次の予定にかかり、この1月には『J・S・ミルの教育論』の最後の仕上げを行い、『書斎の生活について』（新潮社）の未発表部分の相当量を書き足し、2月と3月には予定のごとく『女性論』を書き、春休みになると予定のごとく『執着の深さについて』を書き、之等の凡てを予定の通りに強行した上に、いま考えてみると予定以外のことにまで脱線したのであった。…3カ処の雑誌に書き、また『若き友へ』（光文社）の寄稿文をも書いたので、あふれんとするコップの水に更に一滴を注いだように、自分の精力にとっては確かに過重の負担を強いたのであった。(40)

3つは、木村家を訪問して久夫の遺書（『哲学通論』の余白に書き込まれた久夫の言葉と「遺書」と）を書き写すことであった。

〈久夫の遺書の書き取り〉

ここでいう『哲学通論』とは、久夫が獄中で手に入れた田辺元の著書のことであり、「余白に書き込まれた久夫の言葉」とは、同書の余白に書き込まれた久夫の手記のことである。また「遺書」とは、11枚の原稿用紙に書かれた久夫の「遺書」のことである。この件について、久夫は手記で次のように書いていた。

死の数日前偶然にこの書を手に入れた。死ぬ迄にもう一度これを読んで死に就こうと考えた。(41)

私の死に当っての感想を断片的に書き綴ってゆく。紙に書くことを許されない今の私にとっては、これに記すより他に方法はないのである。(42)

なお、死刑執行を控えた久夫が『哲学通論』を手にしたのは1946年4月で、同書の最後から2頁目に「大阪外語学校英語部生徒」という記載があることから、同書は民生部の上官の鷲見《すみ》豊三郎大尉のものであったと考えられる[43]。鷲見が差し入れたのであろうか。それとも他の誰かが差し入れたのであろうか。

さて塩尻は、「久夫の言葉を書き写す」作業について、「或る遺書について」の中で以下のように書いている。

> 彼の生前には幾たびか誘われ乍ら一度も訪ねることの出来なかった其等の風光を、内地留学で京都に滞在している数ヶ月の間に、自分は三回までも訪れることが出来た。そして南方の獄中で彼のしきりに見たがっていた其等の景色を、彼の代りに見るような気持で、感じ深く眼をみはって眺めた。彼の姿や心がまざまざと自分の心によみがえって来る気がした。殊に彼がなつかしんで止まなかった彼の書斎部屋と書棚とは自分にとって最も感じの深いものであった。最後の訪問のときには、一夜、そして続く日の午前と午後と、いつも時間をものおしみしている自分が我乍ら不思議な程に落着いた心で『哲学通論』の余白にぎっしりと書き込まれた彼の言葉を残らず原稿用紙に清書していっ

た。彼のいつも愛用していた机の上で、彼の使いのこした原稿用紙に向ってである。彼の父親が恐縮して、娘に書かせましょう、というのを辞退して、彼と会って話をする気持だから、と言い乍ら一人で全部を写し取った。曾ては先生々々と自分を呼んでくれていた若き彼が、今は人生の大先達《だいせんだつ》として自分の前に立っているかのように感じた。[44]

一夜、そして続く日の午前と午後、塩尻は久夫の部屋の彼の愛用の机に座って、彼の使い残した原稿用紙に彼の言葉（注・手記と「遺書」）の「全部」を清書したのであった。

〈在りし日の久夫と対話〉

塩尻は、「娘に書かせましょう」という父親の申し出を辞退して、在りし日の久夫とあたかも「会って話をする気持」で写し取っていったのであった。その会話は、次のようなものであった。

彼はある時「先生から頂いた手紙なども全部保存してあるから、いつかきっと先生のことを書きます」と言っていた。その全く逆のことが思いもかけない形でいま出現して

来て、自分の方がこういう一文を草さねばならない羽目となった。(45)

彼は「先生の行くところならどんな田舎でもついて行きます」とよく言っていた。若し彼が生きていたら、同じ学校に、同僚としてまた人生の友として、いつ迄も一緒に勉強してゆくことが出来るようになったかも知れないのである。(46)

彼の成長を唯一の生甲斐として、彼の教育に対しては特別の骨折を惜しまなかった彼の両親や、戦争中も何か断物をして兄の帰りを待っていたという兄思いの彼の妹を訪ねて、あのように喜ばれ歓迎されたのも、全く彼自身が其等の人々を通して喜び、其等の人々を動かして歓待してくれているように感じられた。京都にいる数ヶ月の間、予《あらかじ》め覚悟して行った食物の不足などにも少しも苦しむことがなかったのも、彼の一家の親切な後援のたまものであり、これはまだ死後までも自分に運んでくれた彼の愛情の賜物に他ならなかった。(47)

塩尻と久夫との会話は、尽きることはなかったであろう。塩尻は久夫の言葉を読みながら嗚咽《おえつ》し、書き取りながら何度泣き濡れたことであろうか。久夫との思い出は余りにも数多く、その記憶は余りにも心に残るものであったからである。

木村家の家族全員が、久夫の恩師である塩尻を尊敬していたことも印象的である。家族と塩尻とを結んだのも久夫であった。かつては木村家の家庭不和の原因を作り、久夫の心を悩ませていた父親も、塩尻への手紙の中で、今は亡き久夫に対する限りない哀惜の念を綴っている。彼も立派な父親であったことが窺える。

彼は死に臨んで恩師に対する思慕を死後まで持ち続けてゆくと言い、いついつまでも父母や妹を見守っていると申し遺しました。私共はこの頃になりまして彼が今もなお明かに私共の心中に身辺に現存して活きていることに気づきました。それは曾ての欠点の多かった彼ではなく総てが美しく貴《けだか》くなった彼であります。実に朝目覚めて夜眠るまで私共は彼と共に暮し彼と共に考え彼と共に行動していることを知りました。今まで死灰《しはい》のように寂しかった心の中に微か乍らも明るさと賑かさとを感じて参りました。先生を迎えて泣いた私共は実は久夫であり、京都の御下宿までいつもいそいそと御使いに参った妹は実は久夫でありました。云々(48)

〈命を削るようにして執筆した「或る遺書について」〉

１９４８年早々に内地留学を終えた塩尻は、先に見たように研究成果を陸続とまとめたが、この時期の過重な研究執筆活動で、彼は初めて大きな健康上の疲労を経験した。しかも、この疲労がその後の彼の健康を破壊することに繋がっていくとは、彼自身の予想もしなかったことであった。

こうした不健康な状態の塩尻であったが、書き取った久夫の言葉を早急にまとめる機会を待っていた。だがその機会は、案外早く来た。彼は体調を壊して床に伏していたが、出版社からの執筆依頼に応えて執筆することになった。それが随想文「或る遺書について」であった。彼はその執筆経緯を、次のように綴っている。

丁度その頃、新潮社から『或る遺書について』を至急かいてくれるようにという速達が来た。かねて話してあった木村久夫君の遺書についての一文のために、『新潮』誌が相当の頁を割いてくれることになったのである。…この文章だけは与えられた此の機会をつかんでどうしてもかいておかねばならぬと思われた。これだけは自分の命を削っても書かざるべからずと妻に笑談を言い乍ら、数時間休んでは一寸《ちょっと》書きという風にして書

いて行った。(49)

塩尻の「或る遺書について」は1948年5月4日に脱稿し、『新潮』の1948年6月号に掲載された。塩尻は「或る遺書について」の出来具合については必ずしも満足していなかったが、その評判はすこぶる良かった。否、感動を以って多くの人々に読まれた。

久夫（小学生頃）

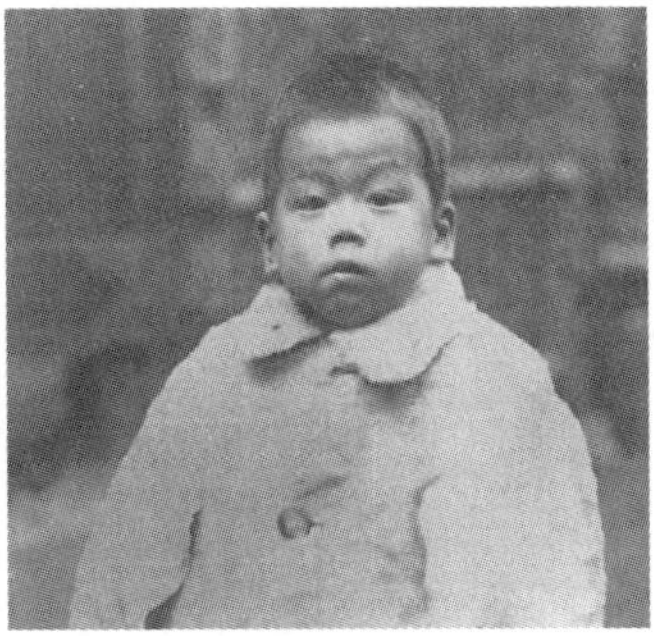

幼児期の久夫

小学校上級生頃の久夫

中学４年生頃、家族で別府温泉旅行

高校３年生頃の久夫（左端）

木村久夫（高知高校時代）

猪野沢温泉　依水荘（焼失前）

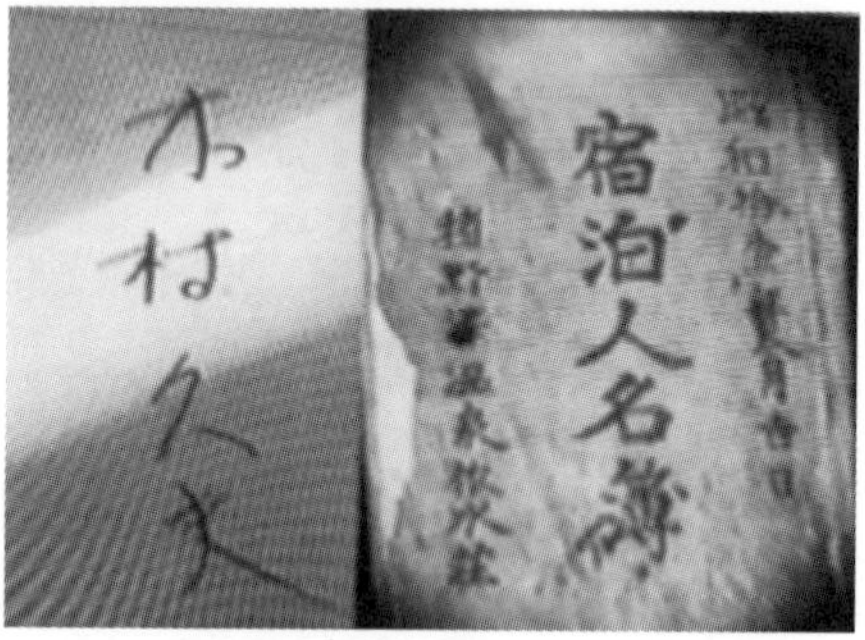

依水荘の宿帳の久夫の署名

京大の時計台を背に久夫

京大生の久夫

堺の大阪陸軍病院に入院中の久夫

部隊で戦友たちと（後列左端）

駐在したカーニコバル島

コンクリートの寝台

木村家の久夫の部屋

木村家の久夫の顔写真

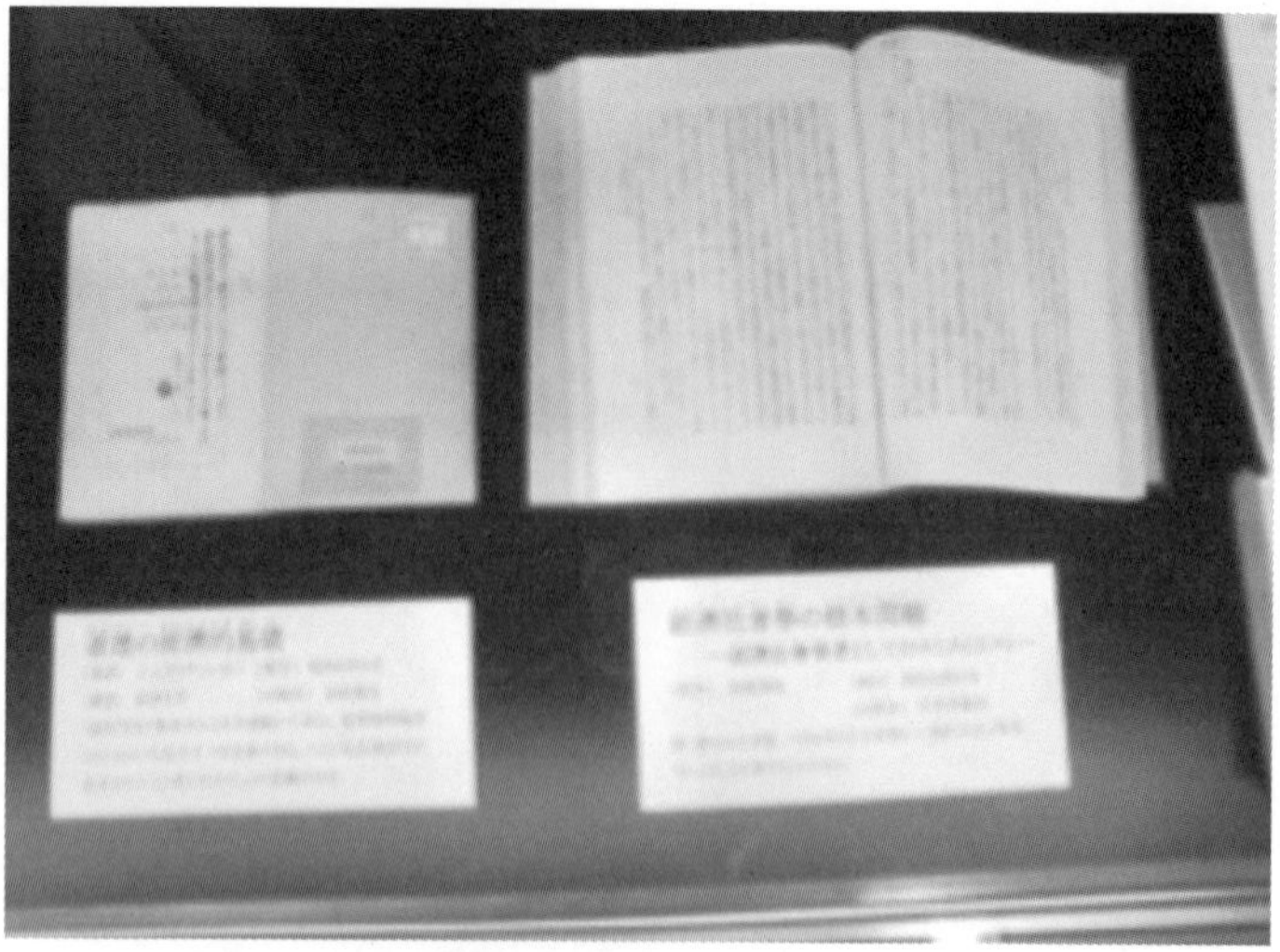

久夫の読書メモ（高知大学・木村文庫）

木村久夫の墓碑（銘は塩尻公明筆）

香美市猪野々の久夫の歌碑

3 塩尻公明「或る遺書について」の考察

（1）「或る遺書について」の内容

〈原典を読む参考として〉

「或る遺書について」は短い随想文であるので、読者各人が塩尻の原文を読むのが一番よい(50)。塩尻の原文は達意の名文であり、読者は行間の機微を読み取ることができるから、強烈な感激と深い感動とを実感できるであろう。それゆえに、筆者の説明や解説は不必要である。

そのことを十分に承知しながらも、敢えて「或る遺書について」の内容紹介をしようとするのは、本稿の展開の続きとして、少しでも原文読書の際の参考になればよいと考えるからである。

ここで筆者から、読者に留意していただきたいと考える点を幾つか述べておきたい。

1つは、塩尻の「或る遺書について」はあくまでも塩尻の随想文である。従って塩尻の引用は久夫の遺書（「手記」と「遺書」と）からの引用であるが、その全文ではないということである。久夫の遺書（「手記」と「遺書」）の全文に近いものを読みたい人は、日本戦没学生記念会編『新版　きけ わだつみのこえ』(51)を読まれたい。

2つは、塩尻の「或る遺書について」の引用文と『新版　きけ わだつみのこえ』の引用文とを読み比べてみると、そこには若干の字句（漢字や送り仮名）の違いが見られるということである。違いの検討は、筆者の今後の課題である。現時点では、字句に若干の違いがあるとしても、意味内容に大きな違いはないというのが筆者の意見である。

3つは、「或る遺書について」に引用されている文が、『新版　きけ わだつみのこえ』にはないというケースがあり、また、その逆のケースもあるということである。

後者の場合には、八波直則が「(「或る遺書について」の）発表当時は占領軍の検閲もあったし、その獄中遺書の全文は発表することができず、塩尻先生が適当にアレンジして紹介されたものだが、のち『きけ わだつみのこえ』には、ほとんど原文にちかいものが掲載された」(52)と書いているように、原稿が検閲でチェックされて没にならないようにという塩尻の熟慮があったのかもしれない。ちなみに八波が指摘したのは、旧版(53)であった。以下の記述の引用は、『新版　きけ わだつみのこえ』からである。

〈塩尻の整理と問題設定〉

塩尻は、冒頭で「この一文は、今度の戦争で失われた若い学徒の一人である木村久夫君の遺書について若干の紹介と解説とを与えようとするものである」と切り出し、彼の死の性格を「今度の戦争で失われた多くの学徒の中でも滅多に見られない非業の死ともいうべきものであった」と嘆く。

しかしながら塩尻は、彼の「遺書には何等の誇張も不自然さもなく、その筆蹟にも語調にも、平素自分たちが貰っていた手紙のそれと何等の変わったところも感じられなかった」とも述べる。こうした感想を言い得るのは、久夫と長い交流を持ち、彼の筆跡や考え方を熟知した人のみであると言えよう。

それでは、久夫はどういう手記を書き残したと言うのであろうか。それについて塩尻は、「最後まで学問を愛したこと」、「最後まで沁々と現世の感触を受取ろうとしたこと」、「我が国の将来に洋々たる希望を託し、自らがその中で一役を演じ得ないことを寂しく思いつゝも、豊かな心でこれを祝福し、自己の死をなるべく明るく解釈してむしろ感謝の念を以てこの世を去ろうとしていること」、「生前親しかった凡《すべ》ての人々にこまやかな愛情を運び、生前の恩誼《おんぎ》を感謝し、行き届いた勧告をまで与えていること」、「愈々《いよいよ》最後の場面に臨んでは同時に処刑された職業軍人たちにはその例を見出すことができなかったほどの落ちついた静かな態度を示したこと」などと整理し、最後に、

年若い学徒としては我々の仰ぎ見るに足るような死に方を示した。彼自身遺書の中に「人生にこれほど大きな試験はほかにないだろう」と言っているが、彼はその大きな試験に立派に及第した、(54)

と感嘆している。短い人生ではあったが、久夫はその人生を立派に生き切ったという意味である。

〈人生の大きな試験に立派に及第した理由〉

塩尻は久夫の遺書のほとんどすべての項目について紹介しながら解説を加えているが、本稿ではそれらのすべてについて触れることは出来そうにない。そこで以下では、幾つかの項目に焦点を当てて考察して行くことにする。

第1は、塩尻が久夫の生き方（と死に方と）に注視し、久夫が立派に死を迎えることができ

たのは何故であったのか、その人間力とは何であったのかという問題提起をしていることから考察していこう。

塩尻は、「彼は何故このように静かな心境を以て死を迎えることが出来たのであろうか」という問題とかかわって次のように書いている。

> 彼は…日本国の将来の発展のために一つの小さな犠牲となることの故に喜んで死んでゆけると言い、こゝ迄生き残って来たことが既に感謝すべきことなのであると言い、また幾百万の同様の運命にあった死者たちのことを思えば、生き残りたいという希望をもつことすら不正と感ずる、というような論理そのものが彼をして安らかに死なしめたというよりは、むしろ落着いてこのような論理を駆使せしめ、大きな祖国の運命や多くの人々の死の運命などを独房の中で大観することを得せしめたところの、論理の底にあるゆるぎなき実感こそ、彼を安んじて死なしめた当の原動力であると思われるのである。[55]

〈ゆるぎなき実感〉

塩尻によれば、久夫は「日本国の将来の発展のために一つの小さな犠牲となることの故に喜んで死んでゆけると言い、こゝ迄生き残って来たことが既に感謝すべきことなのであると言い、また幾百万の同様の運命にあった死者たちのことを思えば、生き残りたいという希望をもつことすら不正と感ずる、というような論理そのものが彼をして安らかに死なしめた」というよりも、むしろ「このような論理を駆使せしめ、大きな祖国の運命や多くの人々の死の運命などを独房の中で大観することを得せしめたところの、論理の底にあるゆるぎなき実感」こそが、彼を安んじて死なしめた原動力であると指摘する。

それでは、そのゆるぎない実感とは何か。塩尻によれば、それは、久夫が「よく生きて、或る程度まで生きることの真髄にふれることが出来ていた、その無意識の実感に他ならない」という。

〈学問の悦びを味い知っていた〉

それでは、生きることの真髄にふれることが出来ていたという無意識の実感を構成していたものは何であるというのか。

この問いに対して塩尻は、この実感の少なくとも一つの要素は、久夫がまだ若年でありながら「真に好学の念をもち、真理追求の純粋なる悦びを既に味わい知っていた」からであるという。塩尻は次のように書いている。

木村君は若年にして既に学問の書に依って人生の憂鬱に打克ち得るだけの好奇心と真理追求の歓びとを知っていたのである。死刑の直前に静かに難解の哲学書を読み得るだけの素地は既に高等学校の時から養われつゝあったのである。彼の望みは立派な書物を書くということにあったが、その望みが成就されて真実見事な書物を書き得たならば、言うまでもなくその社会的効果は大きかったであろう。然し乍ら彼自身の幸福と生甲斐感との根底は、書物を書き得ることにはなくて、寧ろ真に学問の楽しさを知り、真理追求の人格完成的意義を実感する所にあった。彼をして真に安んじて死なしめ得る力は、幾冊の書物を書いても恐らく出ては来なかったであろうが、たゞ真に学を楽しむ実感を持ち得たところからは生まれて来る可能性があった。少なくとも此の一点に於いて彼はよく生きたものであり人生の真髄にふれたものであるからである。(56)

塩尻は、久夫が既に「好奇心と真理追求の歓び」、「真に学問の楽しさを知り、真理追求の人格完成的意義を実感」していたこと、「真に学を楽しむ実感」を持っていたという点で、「人生の真髄」に触れていたと読み込んでいたのである。

〈愛の深さと大まかさ〉

第2は、久夫の生まれつきの愛の深さと（心の）大まかさとであるという。塩尻は次のように書いている。

> 木村君を安んじて死なしめた原動力のいま一つの要素は、彼の恵まれた天分の一つであったところの、生まれながらの愛情の深さと大まかさとであったと思われる。…彼には学問的天分よりももっと貴重な愛情的天分があった。(57)

塩尻は、久夫には生まれながらにして愛情的天分があったと見ているが、それは同時に彼が経済的にも恵まれた家庭に生まれ、しかも愛情に満ちた家族の中で大事に育てられた結果でもあったのであろう。

塩尻は「彼の瑞々《みずみず》しい愛情は、縁あって彼のふれたところの、到るところの人々に注ぎかけられた」と述べて、その事例を次のように紹介している。

カーニコバル島でも子供たちが彼にまつわり歩いたということがあるが、高等学校時代に彼のいた高知の町でも子供たちをよく可愛がり、彼のいたましい死が伝えられたときに、そこでは彼に愛された子供たちとその母親たちとでまた別に追悼の集まりをもった程である。(58)

一週一度の自分の面会日には欠かさず自分の家に入り浸りになり、自分が転居すると彼も自分の家の近くに下宿を転じてくる、という程に人なつっこかった。講義用のプリントを刷ることや書斎の整理をすることや、其他家庭生活の雑事に至るまで、気がつくことは何事でも「先生手伝いましょう」と申出てくれて、自分はこの世の中にこれ程喜んで人の助力を申出るものがあるのに驚く位であった。自らは屡々徹夜に近い程の勉強を続けている若い学生が、同時にこういう物惜しみしない助力を申出るということは、よくよくの天分でなければ出来ることではない。愛情のゆたかな、他人に物惜しみしない心の豊かな者ほど、安んじて死を迎える力の強い者であるということは、自分にとってはいつの間にか牢固たる確信となってきているように思われる。よりよく愛し得るもののほど充実して生きることの核心をよりよく知っているものであるからである。(59)

J・S・ミルの「宗教論」の中でも説かれているところであるが、「愛情のゆたかな、他人に物惜しみしない心の豊かな者ほど、安んじて死を迎える力の強い者である」という塩尻の確信は、久夫の生き方によっても実証され、強化されてより一層牢固たるものとなっているというのである。

〈家族への細やかな心運び〉

「愛情のゆたかな」彼は、死を宣告された獄中においても、身近な人々への細やかな心運びも忘れていなかった。父母に対しては、先立つ不孝を詫び、父母が自分の死によって生きる力を失うことのないようにと心配して、様々な言葉を以って勇気づけようと努めている。彼は、次のように書いている。

私が戦も終った今日に至って絞首台の露と消えることを、私の父母は私の不運を嘆くであろう。父母が落胆の余り途方にくれられることなきかを最も心配している。思いめぐらせば私はこれで随分武運が強かったのである。印度洋の最前線、敵の反抗の最も強烈であった間、これで最後だと自ら断念したことが幾たびもあった。それでも私は擦り傷一つ負わずして、今日まで生き長らえ得たのである。私としては神がかくもよく私をこゝまで御加護して下さったことを感謝しているのである。私は今の自分の不運を嘆くよりも過去に於ける神の厚き御加護を感謝して死んでいきたいと考えている。父母よ嘆くな。私が今日まで生き得たということが幸福だったと考えて下さい。私もそう信じて生きて行きたい。(60)

私は随分なお世話を掛けて大きくして頂いて、いよいよ孝養も尽せるという時になってこの始末です。これは大きな運命で、私のような者一個人ではとてもいかんとも為し得ない事で、全く諦めるよりほかないです。…大きな爆弾に中《あた》って跡形もなく消え去ったのと同じです。(61)

いよいよ私の刑が執行せられることになった。戦争が終り、戦火に死ななかった生命を、今ここで失うことは惜しんでも余りあるが、大きな世界歴史の転換の下、国家のために死んでゆくのである。宜しく父母は私が敵弾に中《あた》って華々しく戦死を遂げたものと考えて諦めてください。(62)

〈願う妹の縁談と家の将来〉

また久夫は、たった一人の妹の孝子さんの結婚の心配をし、早く幸福な結婚をするようにと述べ、さらに、一家が衰亡することなく、平和に暮すようになることを念願している。

父母はその後御達者でありますか。孝ちゃんはもう22歳になるんですね。立派な娘さんになっているんでしょうが、一眼見られないのは残念です。早く結婚して私に代って家を継いでください。私のいない後、父母に孝養の尽くせるのは貴女だけですから。(63)

孝子に早く結婚させて下さい。私の死によって両親並びに妹が落胆甚《はなはだ》しく、一家の

衰亡に至らん事を最も恐れます。父母よ妹よ、どうか私の死に落胆せずに、朗らかに平和に暮してください。(64)

愈々最期が近づいた頃にも、久夫は家族を安心させるために、自分が恥ずべき行動を取っていないこと、それゆえに妹の縁談や木村家の将来に支障の及ばないことを願って、次のように書いている。

私が刑を受けるに至った事件の詳細な内容に付いては、福中英三大尉に聴いて下さい。ここで述べることは差し控える。(65)

私の事については、今後次々に帰還する戦友たちが告げてくれましょう。何か便りのあるたびに、遠路ながら、戦友たちを訪問して、私の事を聴き取って下さい。私は何一つ不面目なることはしていない筈だ。死ぬ時もきっと立派に死んでいきます。(66)

私はよし立派な日本軍人の亀鑑《きかん》たらずとも、高等の教養を受けた日本人の一人として、何等恥ずるところのない行動をとって来た積りです。それなのに計らずも私に戦争犯罪者なる汚名を下されたことが、孝子の縁談や家の将来に何かの支障を与えはせぬかと心配でなりません。カーニコバル島に終戦まで駐屯していた人ならば誰もが皆私の身の公明正大を証明してくれます。どうか私を信じて安心して下さい。(67)

これら一連の手記には、久夫が自らの不当な断罪を不服とし、戦争の痛ましい犠牲の一つにほかならない死となるのみならず、汚辱《おじょく》の死となることを堪えがたく感じていたこともさることながら、それと同等に、否、それ以上に、何も知らない祖国の家族が恥ずべき戦犯の遺族として白眼視され、肩身狭く暮らして行かなければならないのではなかろうかという心配と恐れとを感じていたということが読み取れる。久夫の場合は、可愛い妹の縁談であり、木村家の行末であったわけである。

〈家族の平和な暮らしを希望〉

今一つ、久夫が家族の平和な暮らしを繰り返し述べていたことには、理由があった。それは、前にも触れたことがあったが、木村家の家庭が平和ではなかったからであった。久夫は次のように綴っている。

私の最も気がかりなのは、私の死後一家仲よく暮して行って下さるかということです。私の記憶にある我が家は決して明朗なものではなかった。私が死に臨んで挨拶する父の顔も、必ずしも朗らかな笑顔でないことは悲しいです。何うか私の死を一転機として、私への唯一の供養として、今後明朗な一家として日々を送って下さい。不和は凡ての不幸不運の基のような気がします。因縁論者ではないが、このたびの私の死も、その遠因の一部が或は其処から出ているのではないかとも強いて考えれば考えられないこともないかも知れません。新時代の一家の繁栄のために、唯々和合をばモットーとしてやって下さい。これが私の死に当たって切に父に希う一事であります。(68)

〈祖母へのお礼〉

久夫は、家族以外の親戚や知人の多くに対しても、生前の恩誼に対してお礼を言い、感謝の言葉を述べている。

家庭問題をめぐって随分な御厄介をかけた一津屋の御祖母様の御苦労、幼な心にも私には強く刻みつけられていた。私が一人前となったら、先ず第一にその御恩返しを是非せねばならないと私は常々それを大切な念願として深く心に抱いていた。然し今やその御祖母様よりも早く立って行かねばならない。此の大きな念願の一つを果し得ないのは、この私の心残りの大きなものの一つである。この私の意志は妹の孝子に依り是非実現されんことを希う。今まで口には出さなかったが、此の期に及んで特に一筆する次第である。(69)

〈学友たちへの感謝〉

昔の恩師や学友たちに対しても、お礼と感謝の言葉を忘れてはいない。久夫は、生まれ故郷の佐井寺を懐かしむとともに、次に高知の思い出を「私の境遇的に思想的に最も波乱の多かった時代であったから、思い出も尽きないものがあります。新屋敷の家、鴻《こう》の森、高等学校、堺町、猪野々、思い出は走馬灯のごとく走り過ぎて行きます」(70)と書き、次のように続けている。

私の死を聞いて先生や学友が多く愛惜してくれるであろう。きっと立派な学徒になったであろうに、と愛惜してくれるであろう。若し私が生き長らえて平々凡々たる市井の人として一生を送るとするならば、今このまゝ此処で死する方が私として幸福かも知れない。まだ未だ世俗凡欲に穢され切っていない、今の若き学究への純粋さを保ったまゝで一生を終わる方が或いは美しく潔いものであるかも知れない。私としては生き長らえて学究としての旅路を続けて行きたいのは当然のことではあるが、神の眼から見て、今運命の命ずるまゝに死する方が私には幸福なのであるかも知れない。私の学問が結局は積読以上の幾歩も進んだものでないものとして終るならば、今の潔い此の純粋な情熱が一生の中最も価値高きものであるかも知れない。(71)

〈恩師への感謝〉

旧制高知高校でお世話になった恩師たちに対する感謝の言葉も、丁寧で周到である。

塩尻、徳田、八波の三先生はどうしていられるであろう。私のことを聞けばきっと泣いて下さるであろう。随分私はお世話をかけた。私が生きていれば思いは尽きない方々なのであるが、何の御恩返しも出来ずしてはるか異郷で死んでゆくのは私の最も残念とするところである。せめて私がもう少しましな人間になるまでの命が欲しかった。私の出征するときに言い遺したように、私の蔵書は全部塩尻先生の手を通じて高等学校に寄附して下さい。塩尻先生にどうか宜しくお伝えして下さい。先生より頂戴した御指導と御好意とはいつまでも忘れず死後までも持ちつゞけて行きたいと思っています。先生の著書『天分と愛情の問題』をこの地の遠隔なりしため今日の死に至るまでついに一度も拝読し得なかったことはくれぐれも残念です。(72)

恩師に対する久夫の感謝の言葉は、感動的で泣かせる。何度読んでも、ここまで来ると涙を禁じ得ない。久夫は三先生には随分お世話をかけたようであるが、よい恩師たち3人と出会えたことは、彼自身、最高に幸運な学生であった。久夫亡き後の恩師たちによる彼についての回想随筆文も尊敬に値する。

久夫の蔵書は、その後遺族から高知大学に寄贈されて、「木村文庫」として保存されている。その文庫が、例えば高知大学総合情報センター（中央図書館）での「学徒兵　木村久夫資料展」（第4回高知大学ホームカミング記念展・2013.11.7~11.13）等で、適宜、展示されていることも記しておきたい。

ついでながら2012（平成24）年2月に、「塩尻公明文庫」が高知高校卒業生有志（世話人：石黒一郎・浜田卓実）によって高知大学に寄贈され、同総合情報センター1階の「高知大学の源流をたずねて」の「旧制高等学校記念展示」コーナーに開設されていることも追記しておこう。

〈教養人としてのプライド〉

塩尻は久夫を安らかに死に就かせた要因を、学問の喜びを知っていたこと、愛情豊かであったことと指摘したが、筆者は、今1つの要因として、彼の教養人（注・筆者は、単なる高学歴者という意味とは異なる意味を込めて、上品なエリート又は人格主義的教養人と名づけたい。）としてのプライドを挙げることができるのではないかと考える。

ただし、真の教養人又は人格主義的教養人とは、生れ乍らに、又は、一朝一夕に出来上るものではなく、厳しい精神的修錬と人間性教育と深奥な学問的知の習得の結果として生まれるはずのものである。旧制高校の長所の一つは、学問もさることながら、それよりも遥かな強さで人間的成長に貢献するところがあったと言われているが、久夫の場合、そうした良い教育面の恩恵を受けるとともに、塩尻の人格主義的薫陶を身近で受けただけに、筋金入りの教養人に成長していたと思われる。塩尻の人格主義的教養人は、困難な状況に直面したときは、運命に逆らおうとしたり、頭で打ち消そうとしたりしない。彼らは、自らに降りかかるすべての出来事は運命として素直に受け止め、それを克服することに務めるのである。その事例の典型例として、久夫の行動があったと考えられるのである。

塩尻は、久夫のチャンギー刑務所での最後の状況について、帰還した戦友や僧侶などから収集した情報として、久夫の立派な行動（威厳と尊厳のある態度と行動）を次のように紹介している。

（久夫は）島にいた間にも他の日本軍人のように残虐な行為は一つもなく、島民に親しまれ――英軍に軟禁されるようになってからも島民は彼に色々の物を差し入れていたという――子供たちにいつも附きまとわれていたやさしい兵士であった。その彼が奇《く》しき運命の手によって戦争犯罪人として処刑されることになり、然も職業軍人に見ることのできない立派な死に方を示してみせる、という廻り合わせになったのであった。高級武官たちが上ずった気違いじみた声でわざとらしく天皇陛下万歳を叫んだり、自らの足で歩むことが出来ず附添の兵士に支えられてやっと死刑台の上に立つという醜態を演じているのに対して、落着いた足どりで自ら死刑台の上に登ってゆくことの出来たものは木村君といま一人高商教授の某氏と、二人のインテリのみであったということである。最後の日の彼の風貌や、判決後の獄中の生活状態などについては、引揚げて来た多くの戦友たちや、未決状態の間同じ獄中にいて後に釈放された人々や、彼が刑場に赴く最後の瞬間まで、幾たびか彼を訪れ彼と語り合った日本渉外局の或る僧侶などの物語りに依って、次第に明瞭となってきたが、其等の物語りの凡てが、彼自身の遺書に現われている雰囲気とよく符合しているように思われるのである。その僧侶の語ったところに依れば「受刑の直前に至っても物狂わしい虚勢も示さねば聊《いささ》かの恐怖の色をも浮かべず、全くもの静かな態度で刑場へ歩みを運び、自分はそこに聖僧のような姿を感じた」ということである。彼自身も遺書の中に「自分は日本軍人の亀鑑たらずとも少なくとも教養ある日本人の一人として聊かの恥ずべき行為をもしなかった積りです」と言い、「死ぬときもきっと立派に死んでゆきます」と言って、充分な自信の程を示しているが、これは決して単なる誇張ではなかったようである。(73)

そもそも数日後に刑場の露として消えゆく身でありながら、『哲学通論』を3回も読みかえし、その余白に何の乱れもなし「手記」を書き込むという行為でさえ超人間的な行為であるのに、最後の刑場への歩みにおいても聖僧のように歩を運ぶことを為さしめたのは、彼の「教養ある日本人の一人」としてのプライド（誇り）であったのではなかろうか。

他にも、彼の教養人としてのプライドを示している言葉を例示することができる。

私はこの書を充分に理解することが出来る。学問より離れて既に4年、その今日に於いてもなお難解を以て著名な本書をさしたる困難もなしに読み得る今の私の頭脳を我乍ら有難く思うと共に、過去における私の学的生活の精進を振返って楽しく味あるものと我乍ら喜ぶのである。(74)

すべての物語りが私の死後より始まるのはまことに悲しいが、我にかわるもっともっと立派な、頭の聰明な人がこれを見、且つ指導してくれるであろう。何と言っても日本は根底から変革され構成され直さなければならない。若い学徒の活躍を祈ること切である。(75)

アンダマン（ベンガル湾東部の諸島）海軍部隊の主計長をしていた主計少佐内田実は実に立派な人である。氏は年齢30そこそこで、東京商大を出た秀才である。多くの高官たちの大部分がこの一商大出の主計官に、人間的には遥かに及ばないのは何たる皮肉か。日本国全体の姿も案外これに類したものではないかと疑わざるを得ない。やはり読書し思索し自ら苦しんできた者と然らざる者とは、異なる所のあるのを痛感せしめられた。(76)

教養人の自負を示唆している久夫の文言は、後にも見る「日本国民の遠い責任」等を指摘する個所にも出て来るので、それも参照にしていただきたい。

〈堕落し腐敗した職業軍人に対する激烈な批判〉

家族や親戚や恩師や友人に対して細やかで心優しい心配りを見せた久夫であったが、職業軍人（将校連）や軍隊に対しては激烈な批判を吐いた。まず職業軍人の醜態と下劣さとに対しては、次の如くである。

今度の事件においても、最も態度の卑しかったのは陸軍の将校連に多かった。これに比すれば海軍の将校連は遥かに立派であった。(77)

私の軍隊生活においては、将校連が例の通り大言壮語《たいげんそうご》していた。私が婉曲《えんきょく》的ながらその思想に反対すると「お前は自由主義者だ」と一言の下に撥《は》ね付けられたものだ。軍人社会で見られた罪悪は、枚挙すれば限りがない。それらは凡て忘却しよう。彼らもやはり日本人なのであるから。しかし一つ言っておきたい事は、彼らは全国民の前で腹を切る気持ちで謝罪し、余生を社会奉仕のためにささげなければならない事である。天皇の名を最も濫用し、悪用したのも軍人であった。(78)

美辞麗句ばかりで内容の全くない、彼等の所謂「精神的」なる言語を吐き乍ら、内実に於いては物欲、名誉欲、虚栄心以外の何ものでもなかった軍人たちが、過去に於いてなして来たと同様の生活を将来も生き続けてゆくとしても、国家に有益なる事は何事もなしえないことは明白なりと確信するのである。日本の軍人には偉い人もいたであろう。然し私の見た軍人には誰も偉い人はいなかった。早い話が高等学校の教授程の人物すら将軍と呼ばれる人の中にいなかった。監獄にいて何々中将何々少将という人々に幾人も会い、共に生活して来たが、軍服を脱いだ赤裸の彼等は、その言動に於いて実に見聞するに耐え得ないものであった。この程度の将軍を戴いていたのでは、日本に幾ら科学と物量とがあったとしても、戦勝は到底望み得ないものであったと思われる程である。殊に満州事変以後、更に南方占領後の日本軍人は、毎日利益を追うことを天職とする商人よりも、もっと下劣な根性になり下っていたのである。彼らが常々大言壮語して言った「忠義」「犠牲的精神」はどこへやったか。終戦により外身を装う着物を取り除かれた彼らの肌は、実に見るに耐えないものだった。(79)

堕落し腐敗した職業軍人の指摘は、他に多くの従軍経験者たちによって指摘されているが、久夫の批判は、それらの内でも具体的で説得力のあるものの一つである。皇軍の実態はこういうものであったのだ。

また久夫は、上等兵に過ぎない自分に責任を転嫁し、事実の陳述をすることを厳禁した命令者たる上級将校連を告発し、且つ厳しく断罪している。

私は生きるべく、私の身の潔白を証明すべくあらゆる手段を尽した。私は上級者たる将校たちより、法廷に於いて真実の陳述をなすことを厳禁され、それがため命令者たる上級将校が懲役、被命者たる私が死刑の宣告を下された。これは明らかに不合理である。私にとっては、私の生きることが斯かる将校連の生きることよりも日本にとって数倍有益なことは明白と思われ、また事件そのものの事実としても、命令者なる将校に責《せめ》が行くべきが当然であり、また彼等はこれを知れるが故に私に事実の陳述を厳禁したのである。また此処で生きることは私には当然の権利であり日本国家のためにも為さねばならぬことであり、また最初の親孝行でもあると思って、判決のあった後ではあるが、私は英文の書面を以て事件の真相を暴露して訴えた。判決後のことであり、また上告のない裁判であり、私の真相暴露が果して取上げられるか否かは知らないが、とにかく最後の努力を試みたのである。初め私は虚偽の陳述が日本人全体のためになるならば止むなしとして命《めい》に従ったのであるが、結果は逆に我々被命者の仇となったので、真相を暴露した次第である。若しもそれが取上げられたならば、数人の大佐中佐、数人の尉官たちが死刑を宣告されるかも知れないが、それが真実である以上は当然であり、また彼等の死に依って此の私が救われるとするならば、国家的見地から見て私の生きることの方

が数倍有益であることを確信したからである。(80)

軍隊では上官の命令は絶対で拒むことはできない。久夫はその命令に従って通訳しただけであるのに、敗戦後の裁判では上官から事実を陳述することを厳禁された。このためイギリス軍法廷における判決では、上官が懲役処分で、久夫は絞首刑(81)。「木村さんは罪を一身に背負わされた。やり切れない悔しさがあっただろう」(82)という意見に、共感者は多いであろう。

〈日本兵士の残虐性〉

兵役での下級兵士の苦痛は殴る蹴るなどの体罰と極めて陰湿ないじめとの横行であったが、これらの行動と心理は戦場ではさらに増幅される。特に外国軍の俘虜たちに対しては異常な興奮状態を齎《もたら》すようである。久夫は日本軍の俘虜であったオランダ軍兵士の話として、日本兵士の残虐性を紹介している。

我々罪人を監視しているのはもと我が軍の俘虜《ふりょ》たりしオランダ軍兵士である。曾て日本兵士より大変ひどい目にあわされたとかで我々に対するしっぺ返しは相当のものである。なぐる、ける、などは最もやさしい部類である。しかし我々日本人もこれ以上のことをやっていたのを思えば文句も言えない。ぶつぶつ文句を言っている者に陸軍の将校の多いのは、曾ての自己の所行《しょぎょう》を棚に上げたもので、我々日本人から見てさえ尤《もっと》もとは思われない。(83)

この兵士はかって我が軍の俘虜となっていたのであるが、その間に日本の兵士より殴る、蹴る、焼くの虐待を受けた様子を語り、なぜ日本兵士にはあれほどの事が平気で出来るのか全く理解出来ないといっていた。また彼には、日本婦人の社会的地位の低い事が理解出来ぬ事であるらしい。(84)

軍隊生活においては人間の感情がだんだんと擦り減らされて、何物にも反応しないような状態に堕ちて行き、動物になり下がってしまうという(85)。これは日本軍隊のみの現象ではなくて、軍隊が集団殺人団体である以上、世界の多くの軍隊に共通の属性である。この点で軍隊は、平和と人間の尊厳とに真っ向から敵対するものであると言わなければならない。

いる。

〈尊敬すべき軍人もいた〉

久夫は、稀有な事例としてではあるが、身近に立派な軍人もいたことを書いている。例えば彼は、敢えて上田光治海軍大佐と内田実海軍少佐の名前を挙げて、次のような記述をしている。

この本を父母に渡すようにお願いした人は上田大佐である。氏はカーニコバルの民政部長であって、私が2年に亙って御厄介になった人である。他の凡ての将校が兵隊など全く奴隷の如く扱って顧みないのであるが、上田氏は全く私に親切であり、私の人格も充分尊重された。私は氏より一言のお叱りをも受けたことはない。私は氏より兵隊としてでなく一人の学生として取扱われた。若しも私が氏にめぐり会うことがなかったら、私のニコバルに於いての生活はもっと惨めなものであり、私は他の兵隊が毎日やらされていたような重労働に依り恐らく病気で死んでいたであろうと思われる。私は氏のお陰に依りニコバルに於いては将校すらも及ばない優遇を受けたのである。これ全く氏のお陰で氏以外の何人のためでもない。これは父母に感謝されてよい。そして法廷における氏の態度も実に立派であった。(86)

海軍部隊の主計少佐内田実については、先に引用したので、ここでは省略する。久夫が尊敬すべき将校として挙げているのは上記の二名だけである。その他の将校、とりわけ上級将校は、先に見たように、久夫にとって軽蔑すべき人々であったということである。

〈日本国民全体の罪と非難との犠牲〉

元々戦争と軍隊が嫌いであった久夫は、軍隊生活を体験して、職業軍人の実態を批判したのみならず、日本国民とアジア諸国民とを無謀な戦争に巻き込んだ軍部と日本の政治指導者たちとを厳しく批判した。

日本軍隊の無理非道の犠牲となって死刑を宣告された久夫は、諦めても諦めきれない無念、抑えても抑えきれない憤懣を、何とか理屈をつけて自己を納得させようと苦悶する。例えば、彼は次のように綴っている。

私は死刑を宣告された。誰がこれを予測したであろう。年齢30に至らず、且つ学半ばにして既にこの世を去る運命、だれがこれを予知し得たであろう。波瀾の極めて多かった私の一生はまたもや類まれな一波瀾の中に沈み消えてゆく。我乍ら一篇の小説をみるような感じがする。然し凡ては大きな運命の命ずるところと知ったとき、最後の諦観《ていかん》が湧いてきた。大きな歴史の転換の陰には私のような陰の犠牲が如何に多くあったかを過去の歴史に照して知るとき、全く無意味のものであるように見える私の死も、大きな世界歴史の命ずるところなりと感知するのである。(87)

日本は負けたのである。全世界の憤怒《ふんど》と非難との真只中に負けたのである。日本がこれまで敢えてして来た数限りない無理非道を考えるとき、彼等の怒るのは全く当然なのである。今私は世界全人類の気晴らしの一つとして死んでいくのである。これで世界人類の気持が少しでも静まればよいのである。それは将来の日本に幸福の種を残すことなのである。私は何等死に値する悪をなしたことはない。悪をなしたのは他の人々である。然し今の場合弁解は成立しない。江戸の仇を長崎で打たれたのであるが、全世界からして見れば彼も私も同じく日本人である。彼の責任を私がとって死ぬことは、一見不合理のように見えるが、か丶る不合理は過去の日本人がいやと言う程他国人に強いて来たことであるから、敢て不服は言い得ないのである。彼等の眼に留った私が不運なりとするより他、苦情のもって行き処がないのである。日本軍隊のために犠牲になったと思えば死に切れないが、日本国民全体の罪と非難とを一身に浴びて死ぬのだと思えば、腹も立たない。笑って死んで行ける。(88)

久夫自身は、自分の不条理な死を、大きな運命の命ずるところ、大きな世界歴史の命ずるところと位置づけようとしたが、その場合も、日本軍隊がこれまでに他国人に対して犯してきた数限りない無理非道の責任をとって犠牲となったと思えば死に切れないが、日本国民全体の罪と非難との犠牲となったと思えば腹も立たない、笑って死んで行ける、と理由づけようとしたのであった。

しかし久夫の上記の記述から、4年間も日本を離れて兵役に服していた久夫が、軍部の跋《ばっ》扈《こ》と日本の軍国主義とが国内においては自由と民主主義とを徹底的に弾圧し、国外においてはアジア諸国への侵略と略奪とを行なってきたこれまでの行動を冷徹に糾弾しているとともに、その無謀な行動の必然の結果としての日本の敗北を正確に見通していた、ということが読み取れる。

〈日本国民の遠い責任〉

日本の軍国主義と侵略主義とを糾弾した久夫にとって、一連の無謀な戦争を強行してきた責任の元凶は軍部にあるということであったが、それと同時に、長年にわたってその軍部の増長と横暴とを許してきた日本国民にも責任がないとは言えない、と指摘した。

然しこの日本降伏が全日本国民のために必須なる以上、私一個人の犠牲の如きは涙をのんで忍ばねばならない。苦情を言うなら、敗戦と判っていい乍ら此の戦を起した軍部に持ってゆくより仕方がない。然しまた更に考えを致せば、満州事変以後の軍部の行動を許して来た全日本国民にその遠い責任があることを知らなければならない。(89)

久夫のいう「満州事変以後の軍部の行動を許して来た全日本国民にその遠い責任があることを知らなければならない」とは、実に重い指摘である。それは、日本を戦争に向わせ、数百万人の日本国民の戦死者を輩出させた軍部と日本軍国主義者たちの責任はいくら責めても責め過ぎるということはないが、同時に彼らを支持し支援してきたのは全体としての日本国民であり、日本国民はその責任をどう考えるのかという問題提起でもある。この点については、後にも触れる。

久夫の日本国民に対する責任追及は、他の個所でも見られる。それらを列挙してみよう。

日本はあらゆる面に於いて、社会的、歴史的、政治的、思想的、人道的の試練と発達とが足らなかった。万事に我が他より勝《すぐ》れたりと考えさせた我々の指導者、ただそれらの指導者の存在を許してきた日本国民の頭脳に責任があった。(90)

然し国民は之等軍人を非難する前に、かゝる軍人の存在を許容しまた養ってきたことを知らねばならない。結局の責任は日本国民全般の知能の程度の低かったことにあるのである。知能程度の低いことは結局歴史の浅いことである。二千六百有余年の歴史があると言うかも知れないが、内容の貧弱にして長いばかりが自慢にはならない。近世社会人としての訓練と経験とが少かったのだと言っても今ではもう非国民として軍部からお叱りを受けることはないであろう。私の学校時代の一見反逆的と見えた生活も、全くこの軍閥的傾向への無批判的追従に対する反撥に他ならなかったのである。(91)

久夫は、日本を誤った方向に指導した指導者たちを批判するが、それとともに、彼らの存在を許してきた「日本国民の頭脳の責任」を、もっと具体的に言えば「日本国民全般の知的の程度の低かった」ことを自覚しなければならない、と指摘しているのである。

この久夫の指摘を、我々日本国民は戦後直後から今日に至るまで、真剣に且つ真面目に受け止めてきたであろうか。忸怩《じくじ》たるものがあるのではなかろうか。

〈戦後日本の展望と国家の在り方への提言〉

久夫は、日本の軍部と軍国主義を批判し、それらを許してきた日本国民全体の責任を問うたばかりではなかった。彼は、日本は当分の間、価値観の変革が生じて混乱するであろうが、やがて戦前の反省と批判を行なって新しい国家を建設して行かなければならないと述べ、その国家建設に自分が参画できないことは残念であるが、その仕事を若い学徒たちの活躍に委ねたい、と書いている。

我が国民は今や大きな反省をなしつゝあるだろうと思う。その反省が、今の逆境が、明るい将来の日本のために大きな役割を果たすであろう。これを見得ずして死するは残

念であるが、世界歴史の命ずるところ所詮致し方がない。(92)
日本は凡ての面に於いて混乱に陥るであろう。然しそれでよいのだ。ドグマ的な凡ての思想が地に落ちた今後の日本は幸福である。マルキシズムもよし、自由主義もよし、凡てがその根本理論に於いて究明せられ解決せられる日が来るであろう。日本の真の発展は其処から始まるであろう。すべての物語りが私の死後より始まるのはまことに悲しいが、我にかわるもっともっと立派な、頭の聡明な人がこれを見、且つ指導してくれるであろう。何と言っても日本は根底から変革され構成され直さなければならない。若い学徒の活躍を祈ること切である。(93)

降伏後の日本は随分変わったことだろう。思想的にも政治的経済的にも随分の試練と経験とを受けるであろうが、その何れもが見応えのある一つ一つであるに相違ない。その中に私の時間と場所とが見出されないのは誠に残念だ。然し世界歴史の動きはもっともっと大きいのだ。(94)

久夫は「日本は根底から変革され構成され直さなければならない」と言い、さらに彼の構想する新しい国家像を次のように予測している。

かってのごとき、我に都合の悪しきもの、意に添わぬものは凡て悪なりとして、ただ武力をもって排斥せんとした態度の行く着くべき結果は明白になった。今こそ凡ての武力腕力を捨てて、あらゆるものを正しく認識し、吟味し、価値判断する事が必要なのである。これが真の発展を我が国に来す所以の道である。あらゆるものをその根底より再吟味する所に、日本国の再発展の余地がある。(95)

彼の文章から、私たちは大凡《おおよそ》、その輪郭を描くことが出来る。それらは、思想統制ではなくて「思想の自由」の尊重であり、軍国主義・国家主義ではなくて平和主義であり、武力行使の禁止及び戦争の放棄である。彼の遺書は、日本国憲法公布の約6ヵ月前のことであり、しかも祖国を遠く離れたシンガポールの、情報から隔離された監獄の中で書かれたものであった。

残念ながら久夫は見ることなく逝ってしまったが、彼の主張は1946年11月3日に公布された日本国憲法の前文の「平和のうちに生存する権利」として、第9条の戦争の放棄、戦力の不保持、交戦権の否認として、第19条の思想・良心の自由として継承されたのである。

〈人生最大の試験との対決〉

死はすべての人間がただ1回だけ体験するものであるが、誰もその体験を語ることができないし、誰も体験を聞いたことがない。それゆえに、体験しない死は不安であり、恐ろしいのである。ユーゴーは『死刑囚最後の日』の中で、「人間は不定の執行猶予期間のついた死刑囚だ」と言ったが、人間は必ず来る死の訪問から逃れることはできない。死は人間の宿命であるとしても、人間の悲劇であるに違いない。死は絶対に生ではあり得ないからである。

さて、死刑囚であった久夫は、この死に対してどのように対峙していったのであろうか。すでに書いたように、彼は「一生にこれほど大きな人間の試験はない」と認識しながらも、「少なくとも教養ある日本人の一人」として「立派に死んでゆきます」と宣言し、その宣言通りに「物狂わしい虚勢も示さねば聊かの恐怖の色をも浮かべず、全くもの静かな態度で刑場へ歩みを運」んだ(96)。

しかし、久夫は死をも恐れない強い人間であったのであろうか。そうではなかった。久夫が本当に偉大であったのは、人間の弱さを持ちながらも、超人的な行動をすることができたところにある。最後に、この点について見ておくことにしよう。

〈瞬間々々を生きる〉

塩尻は、処刑を待つ久夫の監獄での生活を次のように紹介している。

彼は静かに死を待ちつゝ、最期の一瞬まで沁々と現世の感触を惜しんだようである。毎週金曜日に、次の死刑台に上るべき人々とその時間との通達があって、その中に入らないものは少なくとも一週間は命が延びたことになる。また彼のいた独房からは、処刑される人々の最期の気配や物音がよく聞きとられたということである。(97)

こうした状況下で人間はどこまで絶え得るものであろうか。多くの死刑囚は、この緊張に堪えられずに発狂するか、それに近い状態になるという。そうした絶望の環境の中で、久夫は読書し、余白に理路整然とした遺書を書いたのである。その久夫も、死の瞬間を考えると恐怖に襲われると言い、その瞬間が来たときにはどうするかという心情を告白している。

吸う一息の息、吐く一息の息、喰《くら》う一匙の飯、これらの一つ一つが今の私にとっては現世への触感である。昨日は一人、今日は二人と絞首台の露と消えてゆく。やがて数日の中《うち》には私へのお呼びも掛かってくるであろう。それまでに味わう最後の現世への触感である。今迄は何の自覚もなく行って来た之等のことが、味わえば味わうほど、このように痛切な味をもっているものであるかと驚くばかりである。口に含んだ一匙の飯が何とも言い得ない刺激を舌に与え、溶けるが如く喉から胃へと降りてゆく触感を、眼を閉じてじっと味わう時、この現世の千万無量の複雑な内容が、凡てこの一つの感覚の中にこめられているように感ぜられる。泣きたくなることがある。然し涙さえもう今の私には出る余裕はない。極限まで押しつめられた人間には何の立腹も悲観も涙もない。たゞ与えられた瞬間々々をたゞ有難くそれあるがまゝに享受して行くのである。死の瞬間を考えるときにはやはり恐ろしい、不快な気分に押し包まれるが、その事はその瞬間がくるまで考えないことにする。そしてその瞬間が来た時は即ちもう死んでいる時だと考えれば、死などは案外易しいものではないかと自ら慰めるのである。(98)

久夫は、今や瞬間々々を在るがまゝに生きるだけだと言う。そして、「極限まで押しつめられた人間」には、「何の立腹も悲観も涙もない」という。「泣きたくなることがある」が、涙さえ出る余裕がないという。「死の瞬間を考えるときには、やはり恐ろしい」という。死のことは死の瞬間がくるまで考えないことにするという。死を直前に控えた久夫の諦観と焦りと覚悟とが読み取れる。

しかし久夫は先に見たように、生き残るために出来得る限りの訴えを試みた。また、はかない噂話を耳にして、藁をも掴む思いで生きる希望をつなごうとした。彼は次のように綴っている。

今、計らずつまらないニュースを聞いた。戦争犯罪者に対する適用条項が削減されて我々に相当な減刑があるだろう、と言うのである。数日前番兵から、このたび新に規則が変って命令を受けてやった兵卒の行動には何等罪はないことになったとのニュースを聞いたのと考え合わせて、何か淡い希望のようなものが湧き上った。然し之等のことは結果から見れば死に至る迄のはかない一つのうたかたに過ぎないと思われるのである。私が特にこれを書いたのは、人間が愈々死に至るまでには、色々の精神的な葛藤をまき起してゆくものであることを記しおかんがためである。人間というものは死を覚悟し乍

らも絶えず生への執着から離れ切れないものである。(99)

彼が書いているように、人間は最後の最後まで生に執着するものであるのだ。とりわけ彼の場合、不当にも上官の罪を被せられて戦争犯罪者とされ、数日後にも処刑執行される身であるのだ。是が非でも生きて身の潔白を証明しなければならないのだ。生きて日本へ帰らねばならないのだ。そして中断した学問を続け、両親や妹や恩師や友人や日本や世界のために生きることが必要であったのだ。

しかし久夫がすがりついた藁もすぐに切れてしまい、微かな望みもうたかたの夢と消えてしまった。

〈あの世での再会〉

生への望みが消えてしまった久夫は愈々生を諦め、再び死の覚悟をする。死を覚悟した人間は来世の存在を信じるようになるのであろうか。久夫も「あの世」の世界を次のように思い描いている。

若しも人々が言うように、あの世というものがあるなら、死ねば祖父母にも戦死した学友たちにも会えることでしょう。あの世で其等の人々と現世の思い出話しをすることを楽しみの一つとして行きましょう。また人々が言うように、若しも出来るものなら、あの世で陰乍ら父母や妹夫婦を見守ってゆきましょう。常に悲しい記憶を呼び起さしめる私かも知れませんが、私のことも時々思い起して下さい。そして却って日々の生活を元気づけるように考えを向けて下さい。(100)

塩尻はこの久夫の文章から「彼はおぼろげ乍ら永生の予感をもっていたのではないかと思われる」と書き、「木村君は死刑の運命が確定してから後にも度々周囲の人々に述懐して、どうも自分が居なくなってしまうとはどうしても信じられないと語っていたそうである」(101)と紹介している。その上で塩尻は、「自分は彼のこの言葉を、善良にして潤いある、彼の魂の性格をそのまゝに露出した声として聞きたいような気持がする」(102)と綴っている。

ただし塩尻は、ここでは来世があるかないかについては論じていない。親鸞は何ごとも体験しなかったことは確言しなかったが、塩尻も同じであった。塩尻は自分で体験したり実証したりしたこと以外は、書いたり言ったりしなかったからである。

〈人間の試験に合格〉

愈々最期が近づいた頃と思われるが、久夫は死に対して恐れない心境を次のように表現している。

此の頃になって漸く死というものが大して恐しいものではなくなって来た。決して負け惜しみではない。病で死んでゆく人でも、死の前になればこのような気分になるのではないかと思われる。時々ほんの数秒間、現世への執着がヒョッコリ頭をもち上げるが、直ぐ消えてしまう。この分なら大して見苦しい態度もなく死んでゆけると思っている。何を言っても一生にこれ程大きな人間の試験はない。(103)

それでもなお久夫は、一生で最大の試験を前に、時々、ほんの数秒間、生への執着が生じるという。しかし久夫は、この分なら対して見苦しい態度もなく死んで行けるとも言い、そして、それを実行したのであった。久夫は超人間的にではなくて、人間的に生への執念を抱きつつも、また人間的に死の瞬間を恐れつつも、勇気をふりしぼって死の恐怖を克服しようと戦ったのであった。そうした久夫の人間的な行動に、われわれは深い共感と限りない感動とを感得するのである。

〈辞世の短歌〉

最後に、久夫の遺書の中に書きつけられていた短歌を紹介しておこう。

塩尻は、「彼（久夫）は勿論専門の歌人ではないのみならず平素から心がけて短歌をよんでいた人間でもない。少しでもその道の心得のある人々から見れば、却って彼の生活と実感との価値を傷つけるような技術的欠陥の印象が強烈に来るのではないか、という懼れを持つのである」(104)と書いているが、これには異議があろう。

木村は放浪の詩人吉井勇のファンであって、高知高校時代から短歌を詠んでいた。筆者には技術的な欠陥や歌の巧拙は分からないが、遺書の中に書かれていた久夫の次の一連の短歌は、感動的である。なお、最後の2首は死の前夜のものであるという。

みんなみの露と消えゆくいのちもて朝かゆすゝる心かなしも

朝かゆをすゝりつつ思ふ故郷の父よ嘆くな母よ許せよ
遠国に消ゆる生命の淋しさにまして嘆かる父母のこと
指をかみ涙流して遥かなる父母に祈りぬさらばさらばと
眼を閉じて母を偲へば幼な日の懐し面影消ゆるときなし
音もなく我より去りしものなれど書きて偲びぬ明日といふ字を（猪野々、京都・妙教寺に歌碑）
かすかにも風な吹き来そ沈みたる心の塵の立つぞ悲しき
悲しみも涙も怒りもつき果てしこのわびしさを持ちて死なまし
明日という日もなき生命抱きつゝ文よむ心つくることなし
をののきも悲しみもなし絞首台母の笑顔をいだきてゆかむ
風もなぎ雨もやみたりさわやかに朝日を浴びて明日は出でまし

（2）「或る遺書について」の評判

〈好評を博した「或る遺書について」〉

塩尻の随想文「或る遺書について」に添いながら、適宜、『きけ わだつみのこえ』から補足的に引用し、さらに若干の説明を加えて、久夫の遺書を紹介してきた。以下では、「或る遺書について」の評判について述べて行きたい。

塩尻が命を削るようにして執筆した「或る遺書について」は、『新潮』の1948年6月号（15～29頁）に掲載された。同誌の編集者兼発行者の斉藤十一氏は、「編集後記」で、塩尻公明氏の「ある遺書について」を、小泉信三の「学問のすゝめ」とともに、「現下もっとも適切な論文だと信ずる」(105)と書いている。

斉藤の書いた通り、「或る遺書について」は、敗戦後の価値観の混沌の中で生き方を模索していた若者たちを始めとして、活字文化に餓えていた多数の読者たちから驚異的な注目をもって迎えられた。例えば「無題」と題する当時の書評は、次のように書いている。

『或る遺書について』（新潮6月号、塩尻公明）は数多い戦争記録のうちで、もっとも深刻かつ厳粛な報告の一つである。カーニコバルで通訳をしていた応召学生が、占領中にスパイ検挙の仕事に関係させせられていたため、戦犯の罪を問われて処刑された。その最後の日々の手記である。…

ここに記された若い学生の運命を、涙なくして読む同胞はあるまい。その気性の高さ深さに頭を垂れぬものはあるまい。そして、人はこの犠牲の痛ましさを悲しみながら、なおわれわれの若き世代が望みを嘱するに足るものであることを知ることができる。しかし、これはただに涙のみですむ問題ではない。われわれの将来の精神のことはすべてこのような人柱の上にきずかれる。これを回避したら、それは日本人がこの戦争から真の体験をえなかったことであり、前の状態から何の発展をも再生産をもしないことになる。(106)

読者から出版要望が多数寄せられたのであろう。新潮社は、「或る遺書について」を単行本として出版する検討に入った。ただし一本では分量が少ないので、塩尻が3カ月後に発表した「虚無について」(107)と併せて『或る遺書について』（1948年11月、B6版、132頁）

という本にした。

塩尻によれば、２つの随想文に投下した時間数は72時間であったという(108)。機械的に考えれば、「或る遺書について」の執筆に投下した時間は約30数時間という計算になる(109)。

同書は、敗戦直後の混乱した社会状況の中で、生甲斐を喪失した若者たちに熱狂的に読まれ、瞬く間に版を重ねた(110)。おそらく雑誌で読まれたよりも遥かに多数の人々に読まれたのであろう。同書は全国青年たちに感動と生きる力とを与え、塩尻公明は全国の青年たちの憧れの人生論者になった。

〈『きけ わだつみのこえ』に収録さる〉

木村の遺書は、その後「戦没学生たちの手記」の一つとして、『きけ わだつみのこえ―日本戦没学生の手記―』に収録されることになった。同書における彼の遺書の占める存在は大変重かった。

初版（東大協同組合出版版、１９４９年）についての『朝日評論』の書評は、最大級の評価をしている。

シンガポールの刑務所で上官達の罪を背負って死刑に処せられて行った京大学生木村久夫君の最後の一篇で本書は光を放っている。この一篇こそ今日の日本人が心を澄まして必ず読むべきものだと思う。

『新版　きけ　わだつみのこえ』(111)では、木村の遺書は読者の注目を浴びる最後尾に置かれることになった。この理由について同書の編者は次のようにと説明している。

木村久夫氏の手記は、死亡の時期が本書収録の死者の最後にあたるという理由だけからでなく、連合国によるB，C級戦犯に問われた戦後の短い生の思索のなかから「日本国民の遠い責任」にまで言及し、今日的な問題を提起しつづけているところからエピローグとした。(112)

つまり『新版　きけ　わだつみのこえ』は、全体的に「日本の敗北を目前にしながら死んでいかなければならなかった学徒兵の万感の思いが端的に表現され、期せずして同世代の悲劇的な運命の証言」であるが、それらの中でも木村の遺書は「『日本国民の遠い責任』にまで言及し、今日的な問題を提起しつづけているところからエピローグとした」というのであった。

〈木村の手記の核心〉

『新版　きけ　わだつみのこえ』の編者の以上のような意図を汲みながら、木村の遺書の核心を整理してみると、次のようになろう。

1つは、塩尻が「或る遺書について」において強調していたように、戦争によって学徒の学問への憧憬と情熱とが断ち切られた無念を告白したことであり、夢を断ち切った軍国主義と腐敗した軍部と職業軍人たちを厳しく断罪したことであった。この点については、すでに指摘してきたので、ここでは触れない。

2つは、国民の苦難、敗戦の責任は軍部にあるが、満州事変以降の軍部の行動を許してきた日本国民にその遠い責任があること、また、日本はあらゆる面において、社会的、歴史的、政治的、思想的、人道的の試練と発達とが足らなかったことを指摘したことであった。

われわれは、木村がその遺書で指摘した「日本国民の遠い責任」や、「あらゆる面において、社会的、歴史的、政治的、思想的、人道的の試練と発達とが足らなかった」ことや、

「万事が我が他より勝れたりと考えさせた我々の指導者、ただそれらの指導者の存在を許して来た」こと等に対してどれだけ真摯に耳を傾けてきたであろうか。

確かにこれらの問題については、戦争の惨禍の後遺症が残っていた数カ年間だけは批判もされ反省もされてきたと考えられるが、その後は徐々に触れられなくなり、やがて忘却されてきたのではなかったのでないか。それも、日本国憲法第9条を改正して日本を戦争できる国にしようと企図してきた国家権力（政府）と政治的経済的指導者たちとがそのように仕向けてきたのではなかったか。

まだ遅くはない。今こそわれわれは、満州事変以降、愚かな戦争を起こしてきた過去の日本を根底から批判し反省するとともに、平和と基本的人権（特に精神的自由が尊重が重要）と民主主義とが浸潤する国家と社会とを維持し擁護し発展させて行かなければならない。そして何よりも、またどんなことがあっても、「戦争をしない」「戦争だけは絶対に起こしてはならない」ということである。木村の遺書と「或る遺書について」とは、われわれがその方向へ向かって努力して行くべきことを訴えているのである。そのために何をしたらよいか、何をすべきかを考えるのが政治であり、人間の知恵である。

〈木村の無念と塩尻の悲痛〉

繰返すことになるが、「或る遺書について」は、旧制高知高等学校教授であった塩尻が、教え子で、無実の罪を被って戦犯として死刑の判決を受けて処刑された木村久夫が、処刑の数日前に偶然入手した田辺元著『哲学通論』の余白に切々と生への思いと学問への熱情とを綴った言葉と「遺書」とに解説を付した随想文であった。それは、いわば塩尻の教え子木村に対する一種の追悼文でもあった。

同文において塩尻は、木村の生い立ちと家族、木村の高等学校時代の勉学態度のほか、自分に心酔しくれた純粋な教え子、学問への憧憬に目覚めた教え子、しかし戦争のために学問を断念せざるをえなかった教え子、非業の死に散った教え子への限りない哀惜について、そしてまた、死に臨む教え子の立派な態度とその崇高な生き方について、周到かつ懇切丁寧に論じた。

筆者は、木村の悲運を悲しみ、彼の立派な生き方に感動するが、同時に、若き教え子の生き方（と死に方）の真の原動力は何であったかを探り、「人生の大先達」と位置づける教え子から真摯に学ぼうとする塩尻の謙虚な求道者的姿勢にも驚嘆を覚えずにはいられない。塩尻の到達した高貴な人生観に照射されたからこそ、木村の遺書が一段と研ぎ澄まされ、最高級の輝きを放つことになったと考える。

ともあれ学業半ばで非業の死を遂げざるを得なかった悲運の木村、悲運の木村を悲しむ恩師、この二人の師弟愛の美しさと高貴さとに感動する。もし木村が存命ならば、学問研鑽に励み、塩尻思想を継承発展させた学者・研究者として大成されたであろう。そう考えれば考えるほど、無謀な戦争の犠牲になった木村の無念と、将来ある教え子を失った塩尻の悲痛とに、断腸の思いを禁じ得ない。

〈塩尻公明の〝遺言〟〉

塩尻は『或る遺書について』を出版した約3年後に、太平洋戦争の後、アジア各地で処刑された戦犯死刑囚の遺書を集録した『祖国への遺書』(113)を編集した。その「まえがき」で、塩尻は遺書を公にすることの三つの意味を列挙しているが、その第二で次のように書いている。

第二に注意すべきことは、第三次大戦の危険に直面して、これを回避するための努力を当面の最大の任務としなくてはならないわれわれ国民が、いま一度これらの遺書を読み返すことの時局的意義ともいうべきものである。戦争のもたらす悲惨には、いま最も強調せられている原子兵器、細菌兵器のもたらす残虐な効果のほかにも実に様々のものがある。これらの遺書に表われているこの世ながらの地獄ともいうべき苦痛と、遺族たちの心に残された永久に癒えることのあるまいと思われる痛ましい傷痕とは、これもまた忘れることのできない戦争の成果の一つなのである。これらの遺書の多くのものが、自分たちの死を何とかして国家再建の捨石ともしてくれるように、再び戦争を起こさないような平和な国家にもり育ててくれるように、平和を死守して政治的、経済的、社会的な困難な諸問題を克服して行ってくれるようにということを、言葉をつくしてわれわれに懇請しているのである。(114)

「まえがき」執筆当時(1952年10月)は米ソ二大陣営による冷たい戦争の時期で、アジアではその前年の6月に朝鮮戦争が勃発していた。真剣に第三次大戦の危機が迫っていたのであった。そうした状況下で塩尻は、同書に収録された遺書は、戦争のもたらす地獄を避けるために、平和を死守し、再び戦争を起こさせないように最善を尽くすことをわれわれ国民に懇請している、と訴えたのであった。

さらに塩尻は、「平和の確守、日本民族と全人類との保全を、衷心からの念願としながら、良心的に考えつくしたその具体的対策の現れについては、人によって相当の開きを見せることであろう。その良心が認められる限りは、反対論者に対しても敬意と理解とをもたねばならない」と説いたが、他方では、「第二次的、第三次的目的のために、まして や自己並びに自己の属する集団の経済的、政治的利害関係のために、戦争の危険を増大することをも厭わぬような言論や実際行動を敢えてするもの」に対しては断乎たる態度と行動とを取るべきことを主張した(115)。

塩尻のこの姿勢は、戦前も戦中も戦後もその言動と執筆活動とにおいても一貫していた。このことについては別の拙著で論じたので、それを参照されたい(116)。

前にも少し触れたが、塩尻は1969年6月12日、帝塚山大学で「現代社会制度の研究」を講義中に仆れたが、その時の彼の最後の言葉は、「私が一市民として希望することは、この世に戦争、特に悲惨な核戦争をなくすことです。平和な世界を築くため、最善の努力をしたいと思います」（受講生のノートより）であった。

塩尻はその生涯を通して、自由と平和と民主主義を熱愛した類まれな人格者、求道者、学者、教育者であった。その塩尻にとって、木村久夫は師弟関係を超えた人生の同行者、よき同僚であった。

おわりに

本稿では、塩尻公明の生涯を縦糸に、木村久夫の生涯を横糸に編みながら、「或る遺書について」の考察を進めてきた。内容的には横糸がやや強かったという印象を受けるかもしれないが、筆者の関心は常に縦糸を編むことにあった。

最後に、幾つかの感想めいたことを書き留めておきたい。

第1点は、塩尻の「或る遺書について」は、彼の数多くの随想文の中では必ずしも最高の傑作であるとは言えないけれども、最も感動的な文章の一つであると考える。

感動的要因のひとつは、同文には、〝この師ありて　この弟子ありき〟とも言える〝師弟関係の極致〟が凝縮されているからであろう。ふたりの師弟関係の美しさに感動のみならず、羨望さえ覚えるのは筆者だけであろうか。

ふたつは、無謀な戦争によって学問探求の途を断たれたのみならず、無実の罪を着せられて戦争犯罪人として非業の死を迎えざるを得なかった久夫の悔しさと悲しみとに対して、恩師塩尻が運ぶ同情と哀悼の誠とに感動し共鳴するからであろう。さらに、久夫の非業の死はいくら悲しんでも足りないが、久夫に不条理な死を強いた無謀な戦争と人間性を失った職業軍人たちとに対する久夫と塩尻の怒りに、われわれも同感するからでもあろう。

第2点は、刑場に消えゆく運命にある身であった若き久夫が、その最後の瞬間まで高雅な品性と研ぎ澄まされた知性とを失わなかったということに畏敬と驚嘆とを覚えるということである。

この要因は、塩尻によれば、久夫が学問を愛し得ていたことと、おおらかな愛の心を持っていたことであるということであったが、そのことを知れば知るほど、筆者自身の品性の貧しさと知性の乏しさとが悔やまれる。愛の心の重要で大切なことについては、塩尻が「人格完成の中核的要素は愛他的精神の豊かなる成長である」と繰り返し強調したところであった。古稀を迎えても、なお我執に固執し、利己心に囚われている筆者には、久夫は人生の大先達として眩しい存在である。せめて少しでもましな人間となるべく精進したいと思う次第である。

第3点は、久夫の遺書は、日本戦没学生記念会編の『新版　きけ　わだつみのこえ』に収録されている数多くの戦没学徒の手記や遺書の中でも、おそらく白眉の文章であると思われる。

その理由は、彼の生涯が波乱万丈であり、彼の運命が悲運であったということだけではなくて、彼の記述内容が科学的で、その指摘と批判とが的を射ていたということである。久夫の遺書の核心は、死を目前にして、国民の苦難、敗戦の責任は軍部にあるが、満州事変以来の軍部の行動を許してきた全日本国民にその遠い責任があること、日本はあらゆる面において、社会的、歴史的、政治的、思想的、人道的の試練と発達が足らなかった、と指摘したことにあろう。

われわれは、久夫が痛烈に批判した「日本国民の遠い責任」に応えなければなるまい。また、久夫が指摘した「万事が我が他より勝れたりと考えさせた我々の指導者、ただそれらの指導者の存在を許して来た日本国民」として真摯に反省しなければなるまい。さらにまた、久夫が指摘したように、愚かな戦争を起こした過去の日本を根底から洗い直し、批判的に検討しなければなるまい。

これまでは、そのいづれもが極めて不十分であったと考える。だからこそ今、そのツケがまわってきているのではないか。昨今の政治的・社会的・文化的・教育的状況は、久夫が期待した社会ではなくて、彼が憂慮した社会に再び近づきつつあると危惧する。今からでも遅くはない。われわれは久夫の忠告を重く謙虚に受け止めて、彼の願いに少しでも応えていくことが必要である。そうでないと、われわれは歴史から何の教訓も学ばなかったことになってしまう。

第4点は、戦争を嫌っていたはずの久夫と、大東亜戦争を賛美し、戦争に身を投じることを青年に勧めた京都学派の中心的存在の一人であった田辺元（と『哲学通論』）との思想的距離関係についての疑問である。

加藤周一は、「『きけわだつみのこえ』は、死に意味をあたえようとする精神的な努力の集成であるということができる。…愚かないくさのさなかでの避け難い死に、何とかして意味をあたえようとしたとき、多くの手記の筆者たちがより所とせざるをえなかったのは、何よりも京都の哲学者と日本浪漫派の仲間であった」(117)と書きつつ、「およそ京都学派の『世界史の哲学』ほど…思想の外来性を、極端に誇張して戯画化してみせているものはない。ここでは思想の外来性が、議論が具体的な現実に触れるときの徹底的なでたらめ振りと、それとは対照的な論理そのもののもっともらしさに、全く鮮やかにあらわれている」と指摘し、その例として田辺元の「歴史的現実」を取り上げて批判している(118)。

これは久夫一人に係わる問題ではなくて、知識的で自覚的な学徒たちが不本意な死に面した際に何に絶対的な価値を求めようとしたか、それがなぜ京都学派の哲学であったのかを問う問題でもある。

ただしこの問題についての考察は、他日を期すことにしたい。

注

（1）中谷彪・関みさよ・塩尻公明研究会編、塩尻公明著『新版　或る遺書について』大学教育出版、２０１３年11月。
（2）同前、93～94頁。
（3）例えば、拙著『塩尻公明－求道者・学者の生涯と思想－』大学教育出版、２０１２年、同『受取るの一手－塩尻公明評伝－』大学教育出版、２０１３年、同『塩尻公明評伝』桜美林大学北東アジア総合研究所、２０１３年、同『塩尻公明と河合栄治郎－他力と自力の人間学－』大学教育出版、２０１３年などを参照されたい。
（4）前掲『新版　或る遺書について』、27頁。
（5）誕生から小学校卒業頃までの久夫の生い立ちについては、吹田市立千里第二小学校の同窓会である千里山会の会誌『千里山』第３号（２０００年３月21日刊）に掲載された「木村孝子様からの手紙」（１９９９年５月31日付）を参考にした。同手紙は、妹の眼から見た兄の思い出であり、久夫の人柄とその後を知るうえで参考になると思われるので、その重要な部分を紹介しておきたい。

　参謀が真実の陳述を禁じました為に殺されねばなりませんでしたが、50年以上を経ました現在でも非業の最後を遂げました兄が可哀想でなりません。父も母も兄の死を引きずって死んで行きました。

兄は8ヶ月の早産児として生まれ、病弱で小学校5年生頃迄は殆ど通学出来なかったと聞いております。親は義務教育だけで終わらせておくより仕方がないと思っておりましたが、中学校に行くと本人が申しましたので中学に行くことになり、父が教育熱心でしたので…豊中が良いだろうと言う事になり豊中を選んだわけですが、病弱な躰では佐井寺から通学出来ませんから家族全員豊中に移り住んだような事でした。

当時父は村長をしておりましたので3人だけ寄留届を豊中に移し、父は遠くから村役場に通っておりました。祖母の実家が代々医者をしておりましたので育ったのかも知れませんが、その内少しずつ丈夫になり、又戦争が激しくなりました為に兵隊に行かねばなりませんでした。

大東亜戦争が始まりました時「この戦争は負ける」と言っておりましたので、応召になり家を出ます日に「負け戦さに行くのは厭だな」と申していましたが死の予感があったのかも知れません。軍隊を大変嫌っておりましたので「幹部候補生は志願しないから」とその時言っておりましたが意志を貫きました。

昭和18年9月に「通訳として外地に征くから」と2泊3日で帰って来まして、その時千二(注・千里第二)小学校の前を通り駅まで見送りましたのが最後となりましたが、まさか永遠の別れになろうとは思いませんでした。温かい性格でしたから可愛がってくれました事を想い出します。…

(6) 八波直則『私の慕南歌—回想と随筆—』、雄津書房、1981年、11頁。『高知新聞・高知版』、19

８１年２月22日の図書紹介も参照されたい。
(7) 八波直則「自由の空に―戦争と学徒の心―」、『高知新聞』、１９６２（昭和37）年11月24日。
(8) 同前。
(9) 八波直則「塩尻先生と戦没学徒木村久夫君―未完未発表の小説『物部川』の紹介―」、南溟会編『南溟』第５号、１９７８年、26頁。
(10) 前掲『新版　或る遺書について』、22～24頁。
(11) 出典は、前掲「塩尻先生と戦没学徒木村久夫君」、26～30頁。
(12) 同前、29頁。
(13) 同前、28頁。
(14) 前掲『新版　或る遺書について』、29～30頁。ただし『新版　きけ　わだつみのこえ』（岩波文庫、１９９５年）には、この個所は見当たらない。
(15) 前掲『新版　或る遺書について』、30頁。
(16) 同前、24頁。
(17) 前掲「塩尻先生と戦没学徒木村久夫君」、26頁。
(18) 同前、28～29頁。
(19) 前掲『新版　或る遺書について』、24頁。
(20) 前掲「塩尻先生と戦没学徒木村久夫君」、26頁。

(21) 前掲「自由の空に」、『高知新聞』、１９６２〔昭和37〕年11月24日。
(22) 前掲「塩尻先生と戦没学徒木村久夫君」、29頁。
(23) 前掲『新版　或る遺書について』、22～23頁。
(24) 同前、28頁。
(25) 同前、42～43頁。
(26) 木村久夫「転換期に立つ経済学・序論－政治経済学論争に際して－」『南溟報国会誌』第1号、杉田登利編集、高知高等学校南溟報国会、１９４１（昭和16）年12月発行、7～57頁。
なお同誌に、久夫が「猪野々山居」と題する数篇の短歌を寄稿している。そこで久夫は、

盛夏8月、吾思ふことありて物部の川の上流、猪野々の里に籠りぬ。人を避け、我を想い、我を考え、声明を顧みること20日余り、言葉足らざれども、短歌を以って表わすこととしぬ。此処にその歌屑を集む。昭和16年8月　高校3年最後の年

と記している（中野綾子「戦時下学生の読書法－木村久夫を例として－付・高知大学所蔵『木村文庫』総目録、及び改題」、リテラシー史研究会『リテラシー史研究』第7号、早稲田大学教育学部和田敦彦研究室、２０１４年1月20日号、10頁）。
(27) 前掲「転換期に立つ経済学・序論」、57頁。
(28) 前掲「自由の空に」、『高知新聞』、１９６２（昭和37）11月24日。

(29)　前掲『新版　或る遺書について』、43頁。
(30)　木村久夫著の未完成小説「物部川」の大要は以下の通りである（前掲「塩尻先生と戦没学徒木村久夫君」前掲、26～30頁）。

此の一篇を恩師　塩尻先生に捧ぐ

小説　物部川

自序

私は幾度か日誌を書き綴ろうとしたのだが、これは先天的な私の欠点とでも言おうか、永続きしなかった。そこで時々思い出すたびに、時間の余裕のある毎に、私の生い立ちを綴る小説風の記録を書かんと決心した。従って始めも終りもない風変わりの小説であり、読者もただ私の親しい友人か或いは恩師の人々に限られるのも自然であると言えよう。…

昭和17年7月2日

洛北白川の一室にで

木村久夫

目録

（1）猪野々の里……4頁（以下（2）（3）（4）…と（10）まで標題なく記す）

（1）猪野々の里

吾妹子と呼ぶべき人もあらなくに　また来つと言ふこころ悲しも

…謙蔵は旅篭の窓辺に倚りながら、ふと歌人吉井勇がこの里で作ったというこの歌を思い出すのだった。それというのも、この歌の感境が実にそのまま自分のもののように思われるからだった。

猪野々とは土佐の国、香美郡を南北に流れている物部川の上流の山峡に囲まれた寒村である。謙蔵が始めてこの地に足を踏み入れたのは、思えば去年の夏のことであった。

去年の夏、詳しくいえば昭和15年の夏、高等学校の夏休みが始まると、彼は親友の千頭《ちかみ》（純一。15回文甲二：八波註）と二人で山間の避暑地を求めてこの辺りに来たことがあった。始め猪野々の一里ほど上流の大栃という処を探したが適当な所がなく引上げんとしていた時、宿の女中から「猪野々という所に田舎温泉があり、歌人吉井勇氏が滞在していたことがある」と聞き、この僻村に足を踏み入れたのが事の始りであった。その年は彼と二人で一夏この地で読書に日日を送った。

夏休みが終り二学期が始まっても、謙蔵はたびたびこの地へ足を運んだ。冬の真最中に来たときは、勇氏の渓鬼荘と名付くる草庵の囲炉裏火を囲んで宿の主人に兎や山鳥の鋤焼をしてもらった。別に景勝に富んでいるというわけでもなかったが、彼は何故かこの山峡の寒村に愛着を感じたのだった。

それから幾月か日が流れ、3月の始め、卒業の予定だった謙蔵に大嵐が吹きまくり、彼は落第の憂き目を見たのだった。落第はこれが始めてではなかった。2年生から3年生になるときにも落第をした。「おれは落第の常習犯だな」とそう思って苦笑した。母は悲嘆にくれた。殊に永年のいきさつのある父は学校をやめてしまえと言った。長い間父の横暴に苦しめられてきた彼は、こんなに侮辱されるよりは、いっそのことこの機に学校をよして一農夫になって一生を送ろうかと考えた。何の屈託もない農夫となって楽しい家庭生活に一生を送るのももともと大きな理想であった。幾重にも重った家庭苦の中に育ってきた彼にこれが最終の目的となったのも当然であった。

彼は思い迷った。二階の自室にとじこもって一歩も外へ出ず考えつづけた。ぎっちり本立てにつめこまれた経済学の本も今は様々な表情を投げかけているにすぎなかった。

階下の時計が夜半の11時を打った。心の動揺に耐えきれない彼は、本立てから1冊の本を取り出した。谷口義彦著『新体制の理論』—彼はいつのまにかそれを読み始めていた。彼の読書の癖として、左手に定規、右に赤鉛筆を持って克明に要所々々に線を引っぱっていた。〔中略〕社会科学に接している彼の心はいつの間にか躍動を始めた。〔中略〕

「そうだ。おれはどうしても本から離れられない。己の生命はここにある」

谷口氏の著書はむしろ愚著というべきで、あらゆる欠点、矛盾が明らかに尻尾を出していた。しかし今日の彼には、その矛盾が却って彼を社会科学に愛着せしめたのであった。「こんなことでどうなる。これが新体制か。かく安易な新体制論が横行する間は日本の現状は決して安心できない」と感ずるとともに、「この俺がやるんだ。この己が少しでも貢献がしたいのだ」と彼の心の中何かがこう絶叫するのだった。

「よし、おれは勉強する。社会科学に一生を捧げる。誰が何と言っても一歩も退かないぞ」──彼は歓喜を覚えるとともに、新たな第二の出発へと心の中で立ち上がった。


思えば彼の経済学への着手は1年ほど前に遡る。学校の無責任なすべての講義に嫌悪を覚え、無視していた彼に唯一の光明を与えてくれたのは恩師塩尻教授であった。

深刻な家庭苦に悩み、学校を無視するのあまりに、他の教授たちから白眼視され、日々酒の巷を徘徊していた彼を更生せしめ、暗中の一灯を与えて下さったのは実に恩師塩尻氏であった。いや、恩師という言葉のみではすまされないものがあった。

「塩尻先生はおれの産みの親だ。育ての親だ」と彼が常に親友千頭に語っているのは、彼の心情を端的に表わすものだった。いま新たに「おれは勉強するんだ」と決心した彼は、早くこの決心を述べて、色々と心配して下さっている塩尻先生に安心してもらわねばならないと思った。時計は朝の4時を打っていた。3月の空はなかなか明けてくれない。彼は消えそうになっている炭火を掻き起しながら夜明けを待ちつづけた。


指導教官徳田弥先生と八波直則先生とにわずらわしい手数をかけて、謙蔵が漸く家を離れて、新学期から下宿し得るようになったのは、それから間もなくであった。彼の心の平静を常に破っていた家を離れて、自分独りの生活をし得るようになったことは、今度の彼には大きな精気を与えてくれるものであった。いわば一段落がついた彼は、乱れた気分の塵を沈めるために山の古里猪野々の里へやって来たのであった。［中略］

静かだ。彼は終日飽かず山を見、そして自分を考えた。学校に通い、人と交われば、悲しく憤ろしい自分を見せつけられるのだったが、かように独り山と語り、河に聞き、山鳥と親しんでいると、彼の乱れた心の塵も漸く静まりかけてきた。彼は意識して呼吸した。そして腹一杯山気を吸った。ずしんずしんと血脈《ちすじ》は静かに波打っていた。彼は自分を意識した。嬉しい。何となく嬉しい。

これが山に抱かれた今日の彼の偽らない気持ちだった。

(31) 同前、27頁。
(32) 同前、27頁。
(33) 前掲「転換期に立つ経済学・序論」。
(34) 谷口義彦『新体制の理論―政治・経済・文化・東亜の新原理―』千倉書房、1940年。
(35) 前掲『新版　或る遺書について』、6～7頁。
(36) 例えば五十嵐顕『「わだつみのこえ」を聴く―戦争責任と人間の罪との間―』青木書店、1996年、139～145頁。木村宏一郎『忘れられた戦争責任―カーニコバル島事件と台湾人軍属―』青木書店、2001年。有田芳生のHPによれば、『X』なる著書で、こうした経緯について研究されようとしていることが推測される。

(37) 文化部長・加古陽治「一首ものがたり―学問の道半ば、南洋に死す―」『東京新聞』、２０１３年12月25日号。また、「遺稿遺品を訪ねて（その３）：木村久夫さんご遺族（義郎、孝子さん夫妻）に聴く」（『わだつみのこえ―日本戦没学生記念会機関誌―』１１５号、２００１年11月15日、44～47頁）も詳細で有益である。

(38) 松田祥吾から今戸道子宛への２０１１年６月７日付の手紙。

(39) 同前。

(40) 塩尻公明「病苦について」『絶対的生活』、現代教養文庫、１９５２年、12～13頁。

(41) 日本戦没学生記念会編『新版　きけ わだつみのこえ』岩波文庫、１９９５年、４４３頁。

(42) 同前、４４４頁。

(43) 前掲「一首ものがたり」『東京新聞』、２０１３年12月25日号。

(44) 前掲『新版　或る遺書について』、41～42頁、同随想文の脱稿は、１９４８年５月４日である。

(45) 同前、43頁。

(46) 同前、43頁。

(47) 同前、43頁。

(48) 同前、44頁。

(49) 前掲「病苦について」『絶対的生活』、19頁。

(50) 塩尻公明『或る遺書について』は、新潮社版、現代教養文庫版とも絶版であったが、２０１３年に、中谷彪ほか編・塩尻公明著『新版　或る遺書について』が大学教育出版より復刻出版された。本稿での引用はこれに依った。
(51) 前掲『新版　きけ わだつみのこえ』、全５２１頁。木村久夫の手記は、同書の４４３～４６７頁である。
(52) 前掲「塩尻先生と戦没学徒木村久夫」、26頁。
(53) 日本戦没学生記念会編『きけわだつみのこえ』（旧版、１９８２年）は、全３８８頁。木村久夫の手記は、同書の３１３～３３６頁である。
(54) 前掲『新版　或る遺書について』、６頁。
(55) 同前、21頁。
(56) 同前、24～25頁。
(57) 同前、27頁。
(58) 同前、27～28頁。
(59) 同前、28頁。
(60) 同前、18～19頁。
(61) 前掲『新版　きけ わだつみのこえ』、４６１頁。
(62) 同前、４６０頁。

(63) 同前、461頁。
(64) 同前、448頁。
(65) 同前、460頁。
(66) 同前、464頁。
(67) 前掲『新版　或る遺書について』、20~21頁。
(68) 同前、29~30頁。
(69) 同前、30頁。
(70) 前掲『新版　きけ わだつみのこえ』、462頁。
(71) 前掲『新版　或る遺書について』、19~20頁。
(72) 同前、31頁。高知大学総合情報センターの「木村文庫」(www.lib.kochi-.ac.jp/library/chuokan/siryo/.../kimura.html) によれば、木村の蔵書（666冊）は、1974年に久夫の母の斐野（1982年没・享年86歳）によって高知大学付属図書館に寄贈された。そのためか、戦後出版の2冊（塩尻公明『或る遺書について』新潮社、1948年、木村宏一郎『忘れられた戦争責任』青木書店、2001年）が追加されている。前掲「戦時下学生の読書法」にも詳しい。
(73) 同前、7~9頁。
(74) 同前、11頁。
(75) 同前、17頁。

(76) 前掲『新版　きけ わだつみのこえ』、457頁。
(77) 同前、446頁。
(78) 同前、455頁。
(79) 同前、454頁。
(80) 前掲『新版　或る遺書について』、37頁。
(81) なお磯崎勇次郎の話によれば、「木村久夫さんの裁判は、英軍の爆撃のため、尋常にはできなかった」（元朝日新聞記者・高木康行から筆者へのハガキ、2012.5.31付）ということであった。
(82) 香美市香北町猪野々の猪野沢温泉・依水荘の二代目女将今戸道子、『高知新聞』2011年5月9日。『毎日新聞（高知版）』ともに2011年5月9日参照。
(83) 前掲『新版　或る遺書について』、32頁。
(84) 前掲『新版　きけ わだつみのこえ』、449～450頁。
(85) 例えば、同前、35頁参照。
(86) 前掲『新版　或る遺書について』、13頁。
(87) 同前、15頁。
(88) 同前、15～16頁。
(89) 同前、16～17頁。
(90) 前掲『新版　きけ わだつみのこえ』、447頁。

(91) 前掲『新版　或る遺書について』、38～39頁。
(92) 同前、17頁。
(93) 同前、17頁。
(94) 同前、17～18頁。
(95) 前掲『新版　きけ わだつみのこえ』、４４７頁。
(96) 前掲『新版　或る遺書について』、8頁。
(97) 同前、36頁。
(98) 同前、35～36頁。
(99) 同前、39～40頁。
(100) 同前、34～35頁。
(101) 同前、34頁。
(102) 同前、34頁。
(103) 同前、20頁。
(104) 同前、44頁。
(105) 斉藤十一「編集後記」『新潮』、１９４８年6月号、64頁。
(106) この引用文には、出典記載がないので、不詳とした。
(107) 『新潮』、１９４８年9月号、52～64頁。なお、すでに同誌の61頁で、「近刊　塩尻公明著『ある遺書について』として出版予告広告がなされている。

ここで、「或る遺書について」と「虚無について」との関係について、筆者の見解を述べておこう。

1948年5月4日に脱稿して『新潮』6月号に掲載された「或る遺書について」は、教え子の木村久夫が『哲学通論』の余白に切々たる生への思いと学問への情熱とを綴りながら、無実の罪を被ってシンガポールの刑場で処刑された悲運を、恩師の立場から解説を付して綴った追悼文的随想文であった。

これに対して同年8月23日に脱稿した「虚無について」は、虚無的状況に陥っていた当時の多数の青年たちに対して、塩尻が自らの体験を踏まえ、「虚無克服の可能性はあり得る」こと、それゆえに「最後の瞬間まで、人生の可能性を見限ってはならない」と訴えようとした、いわば生甲斐追求的随想文であった。ともに、〝人間、如何に生きるか〟を問うた塩尻人生論の真髄を示す文章であると考えることができる。

(108) 塩尻公明研究会編・塩尻公明著『民主主義の道徳哲学（講義ノート）』北樹出版、2010年、140頁。

(109) 塩尻の回顧談によれば、最初の『ベンサムとコールリッジ』の4、500時間に比して『或る遺書について』は最少の72時間であったが、印税は『生甲斐の追求』『女性論』を別とすれば最も多かったという。前掲『民主主義の道徳哲学（講義ノート）』、140頁。

(110) 塩尻公明『或る遺書について』は、翌年2月までに3万5千部読まれた。小田切進編『新潮社90年図

書目録』新潮社、1986年、261頁参照。
(111)前掲『新版 きけ わだつみのこえ』、全521頁。
(112)同前、500~501頁。
(113)塩尻公明『祖国への遺書』毎日新聞社出版局、1952年。
(114)同前、2頁。
(115)同前、2頁。
(116)注(3)に掲載した拙著を参照されたい。
(117)加藤周一「戦争と知識人」、加藤周一『日本人とは何か』講談社文庫、1976年、187頁。
(118)同前、194頁。

なお田辺元は、戦後、「帝国大学教授として日本を悲運に導いた応分の責任を感じ、この責任を感じれば感ずるほど、畳の上で楽な往生を遂げる資格はない」と考え、群馬県長野原町北軽井沢の大学村に蟄居し、ほとんどそこを出ることをしなかった。

(2014. 3. 25)

付録1　木村久夫の「手記」（全文）

凡　例

・田辺元『哲学通論』（岩波書店、１９３３年初版）の第6版（１９３７年10月15日発行）の奇数頁の欄外余白に鉛筆で書き込まれていた手記の書き取りである。
・偶数頁に記されていた短歌（狂歌、俳句を含む）は、文末に一括して記載した。
・収録にあたっては、筆者の写真撮影の現像を元とした。「有田芳生氏のＨＰ『木村久夫遺書全文を公開する』より：２０１４／04／30」を参照にしたが、相違する箇所も少なくない。
・原文の漢字とカタカナであるが、以下では原則として現代仮名遣い文とした。短歌や引用についてはママとした。
・明らかに誤記と思われるものもあるが、そのままとして（　）で補った。
・難しい漢字にはルビを付した。（ママ）は久夫が付したものである。

（扉）

死の数日前偶然に此の書を手に入れた。死ぬ迄にもう一度之を読んで死に赴《おもむ》こうと考えた。４年前私の書斎で一読した時の事を思い出し乍ら。コンクリートの寝台の上で、遥かな古郷《ふるさと》、我が来し方を想い乍ら、死の影を浴び乍ら、数日後には断頭台の露と消ゆる身ではあるが、私の熱情は矢張り学の途にあった事を最後にもう一度想い出すのである。

（１頁）

鉛筆の傍線は私が引いたものである。（久夫は、ほとんどの行に傍線を引いていることを説明している）

父　木村久

住所　大阪府吹田市大字佐井寺四〇二九番地

此の書に向っていると何処からともなく湧き出ずる楽しさがある。明日は絞首台の露と消ゆるやも知れない身であり乍ら、尽きざる興味にひきつけられて、本書の３回目の読書に取り掛る。昭和21年４月22日

（5頁）

私は此の書を充分理解することが出来る。学問より離れて既に四年、其の今日に於ても猶、難解を以て著名な本書をさしたる困難なしに読み得る今の私の頭脳を我れ乍ら有難く思うと共に、過去に於ける私の学的生活の精進を振り帰って楽しく味あるものと吾れ乍ら喜ぶのである。

（7頁）

曾て読みし博士の著書「科学と哲学との間」（注：田辺元『科学と哲学との間』岩波書店、1937年）を思い出す。

（8頁）住所　大阪府吹田市大字佐井寺4029番地　　父　木村久

（11頁）

私の死に当っての感想を断片的に書き綴って行く。紙に書く事を許されない今の私に取っては之に記すより他に方法はないのである。私は死刑を宣告された。誰が之を予測したであろう。

（13頁）

年令30に到らず、且学半ばにして既に此の世を去る運命　誰が予知し得たであろう。波乱極めて多かった私の一生も亦波乱の中に沈み消えて行く、何か知ら一つの大きな小説の様だ。然し凡て大きな運命の命ずる所と知った時、最後の諦観が湧いて来た。

（15頁）

大きな歴史の転換の影には私の様な蔭の犠牲が幾多あったものなる事を過去の歴史に照らして知る時、全く無意味ではあるが私の死も、大きな世界歴史の命ずる所なりと感知するのである。

（17頁）

日本は負けたのである。全世界の憤怒と非難との真只中に負けたのである。日本は無理をした、非難する可き事も随分として来た。全世界の怒るも無理はない。世界全人の気晴らしの一つとして今私は死んで行くのである。否殺されて行くのである。之で世界人の気持が少しでも静まればよいのである。それは将来の日本に幸福の種を残すことだ。

（19頁）

私は何等死に値する悪はした事はない、悪を為したのは他の人である。然し今の場合弁解は成立しない、江戸の仇を長崎で打たれたのであるが、全世界からして見れば彼も私も同じく日本人である。即ち同じなのである。

（21頁）

彼の責任を私が取って死ぬ、一見大きな不合理ではあるが、之の不合理は過去矢張り我々日本人が同じくやって来たのである事を思えば矢鱈《やたら》非難は出来ないのである。彼等の目に留《とま》った私が不運なりとしか、之以上理由の持って行き所はないのである。

（23頁）

日本の軍隊のために犠牲になったと思えば、死に切れないが、日本国民全体の罪と非難を一身に浴びて死ぬのだと思えば腹も立たない。笑って死んで行ける。

（25～27頁）

日本の軍人、殊に陸軍の軍人は、私達の予測していた通り矢張り、国を亡した奴であり、凡ての虚飾を取り去れば私欲、其の物の他は何物でもなかった。今度の私の事件に於ても最も態度の賎しかったのも陸軍の将校連中であった。之に比ぶれば海軍の将校はまだ立派であったと言い得る。大東亜戦以前の陸軍々人の態度を見ても容易に想像される所であった。陸海軍々人は余り俗世に乗り出しすぎた、彼等の常々の広言にも不拘《かかわらず》、彼等は最も賎しい世俗の権化となっていたのである。それが終戦後明瞭に現われて来た。生、物に吸着したのは陸軍々人であった。

（29頁）

大風呂敷が往々にして内容の貧弱なものなる事は我国陸軍が其の好例であるとつくづく思われた。

我国民は今や大きな反省をしつつあるだろうと思う。其の反省が、今の逆境が、晴《あか》（明）るい将来の日本に大きな役割を与えるであろう。之を見得ずして死するは残念であるが世界歴史の命ずる所、所詮致し方がない。

（31～33頁）

此の度《た》びの私の裁判に於ても、亦判決後に於ても、私の身の潔白を証明す可く私は最善の努力をして来た。然し私が余りにも日本国のために働きすぎたるがため、身は潔白であっても責《せめ》は受けなければならないのである。ハワイで散った軍神も今となっては世界の法を侵した罪人以外の何者でもなかったと同様、ニコバル　諸島駐屯軍のために敵の諜者を発見し当時は全島の感謝と上官よりの讃辞を浴び、方面軍よりの感状を授与されるやも知れずと迄言われた私の行為も、一ケ月後に起った日本降伏のため、更《かえ》って結果は逆になった。当時の事情は福中英三氏が良く知っている聞いてくれ。日本国に取り効となった事も、価値判断の基準の変った今日に於ては仇《あだ》となるも、之は私達の力を以てしては如何とも致し方ない。

（35頁）

凡ての原因は日本降伏にある。然し此の日本降伏が全日本国民のために必須なる以上、私一個人の犠牲の如きは涙を飲んで忍ばねばならない、苦情を言うなら、敗戦を判っていい乍ら此の戦を起した軍部に持って行くより為方《いたしかた》はない。然し又更に考えを致せば、満州事変以後の軍部の行動を許して来た、全日本国民に其の遠い責任がある事を知らなければならない。日本　は凡ての面に於て、社会的、歴史的、政治的、思想的、人道的、試練と発達が足らなかったのである。凡て吾が他より勝れりと考え又考えせしめた我々の指導者及びそれらの指導者の存在を許して来た日本国民の頭脳に凡ての責任がある。

（39頁）

日本は凡ての面に於て混乱に陥るであろう、然しそれで良いのだ。曾ての如き、今の我に都合の悪きもの、意に添わぬものは凡て悪なりとして、腕力を以て、武力を以て排撃して来た我々の態度の行く可き結果は明白であった。今や凡ての武力、腕力を捨てて、凡ての物を公平に認識、吟味、価値判断する事が必要なのである、それで之が真の発展を我々に与えてくれるものなのである。

（41頁）

凡てのものを其の根底より再吟味する所に、我々の再発展がある。ドグマ的な凡ての思想が地に落ちた今後の日本は幸福である。それを見得ないのは全く残念至極であるが、私に（よりも）更に、もっともっと立派な、頭の聡明な人が之を見、且指導して行ってくれるであろう。何を言っても日本は根底から変革し、構成し直されなければならない。若き学徒の活躍を祈る。

（43頁）

私の蔵書は凡て、恩師塩尻先生の指示に依り処分してくれ。私の考えとしては高等学校に寄贈するのが最も有効なのではないかと考える。塩尻、八波、徳田、阿部の四先生には必ず私の遺品の何かを差し上げてくれ。塩尻先生の著「天分と愛情の問題」を地の遠隔なりしため今日の死に至るまで一度も拝読し得なかった事はくれぐれも残念である。

（45頁）

孝子《こうこ》を早く結婚させてやってくれ、私の死に依り両親並に妹が落胆甚しく一家の衰亡に趣《おもむ》かん事を最も恐れる。母よ落胆すな、父よ落胆すな、そして父よ、母に対してやさしくあれ、私が父に願う事は之丈《これだけ》である。そして之こそ死んでも忘れられない只の一事である。願う。


（47〜49頁）

私の葬儀など簡粗にやってくれ、盛大は更《かえ》って私の気持を表わさないものである。墓石は祖母の横に建ててくれ、私が小供の時、祖母の次に立つ石碑は誰のであろうかと考えた事があったが、此の私のそれが建つなどとは、此の私にも想像はつかなかった。然し之はあくまで、一つの大きな世界の歴史の象徴であろう。墓の前の柿の果《み》、それを私が喰う時がやがて来るであろう。


（49頁）

我々罪人を看視しているのはもと我軍に俘虜《ふりょ》たりしオランダ軍兵士である。曾《かつ》て日本兵士より大変なひどい目に遭わされたとかで、我々に対するしっぺ返しは大変なものである。撲《なぐ》る蹴るは最もやさしい部類である。然し吾々日本人も之以上の事をやっていたのを思えば文句は出ない。

（51頁）

更って文句をブツブツ言う者に陸軍の将校の多いのは、曾ての自己を棚に上げた者で、我々日本人にさえも尤もだと言う気は起らない。一度も俘虜《ふりょ》を使った事のない、又一度もひどい行為をした事のない私が斯様な所で一様に扱われるのは全く残念ではあるが、然し向こう側よりすれば私も他も同じ日本人である、区別してくれと言う方が無理かも知れぬ。

（53頁）

然し天運なのか、私は一度も撲《なぐ》られた事も蹴られた事もない。大変皆々から好かれている。我々の食事は朝米紛の糊と夕方に「カユ」を食う二食で一日中腹ぺコぺコで、やっと歩ける位の勢力しかないのである。然し私は大変好かれているのか、監視の兵隊がとても親切で夜分こっそりとパン、ビスケット、煙草などを持ってきてくれ、昨夜などはサイダーを一本持って来てくれた。私は全く涙が出た。モノに対してよりも親切に対してである。

（55頁）

其の中の一人の兵隊が或は進駐軍として日本へ行くかも知れぬと言うので、今日私は私の手紙を添えて私の住所を知らせた。可能性は薄いが、此の兵隊が私の謂《い》わば無実の罪に非常

に同情し　親切にしてくれるのである。大極的には徹底的な反日の彼等も、斯う個々に接して居る内には斯様に親切な者も出てくるのである。矢張り人間だ。

(57～59頁)

此の兵士は戦前はジャワの中学校の先生で、我軍に俘虜となっていたのであるが、其の間、日本の兵士より撲る蹴る、焼くの虐待を受けた様子を詳しく語り、其の人には何故日本兵士には撲る抑る(蹴る)などの事があれ程平気で出来るのか全く理解出来ないと言っていた。私は日本人全般の社会教育、人道教育が低く、且社会的試練を充分に受けていないから斯くある旨をよく説明して置いた。

又彼には日本婦人の社会的置位《ちい》(地位)の低いことが大変な理解出来ぬ事であるらしい。つまらぬ之等の兵士からでも、全く不合理と思える事が日本では平然と何の反省もなく行われている事を幾多指摘されるのは全く日本に取って不名誉な事である。彼等が我々より進んでいるとは決して言わないが　真赤《まっか》な不合理が平然と横行するまま許してきたのは何と言っても我々の赤面せざる可からざる所である。

単なる撲ると言う事から丈でも、我々日本人の文化的水準が低いとせざる可からざる諸々の面が思い出され、又指摘されるのである。

殊に軍人社会、及び其の行動が、其の表向きの大言壮語に不拘《かかわ》らず、本髄《ほんずい》は古い中世的なもの其物に他ならなかった事は反省し全国民に平身低頭謝罪せねばならぬ所である。（63〜69頁）

吸う一息の息、吐く一息の息、喰う一匙の飯、之等の一つ一つの凡てが今の私に取っては現世への触感である。昨日は一人、今日は二人と絞首台の露と消えて行く、軈《やが》て数日の中には私へのお呼びも掛って来るであろう。それ迄に味う最後の現世への触感である。今迄は何の自覚なくして行って来た之等の事が、味えば之程切なる味を持ったものなる事を痛感する次第である。口に含んだ一匙の飯が何とも言い得ない刺激を舌に与え、且つ溶けるが如く、喉から胃へと降りて行く触感に目を閉じてじっと味う時、此の現世の凡てのものを、只一つとなって私に与えてくれるのである。泣き度くなる事がある、然し涙さえもう今の私には出る余裕はない。極限迄押し詰められた人間には何の立腹も、悲観も涙もない、只与えられた舜間舜間を只有難く、それあるがままに、享受して行くのである。死の舜間を考える時には矢張り恐ろしい、不快な気分に押し包まれるが、その事は其の舜間が来る迄考えない事にする、そして其の舜間が来た時は即ち死んでいる時だと考えれば、死などは案外易しいものなのではないかと自ら慰めるのである。

（71～73頁）

私が此の書を死の数日前計《はか》らずも入手するを得た。偶然に之を入手した私は、死迄にもう一度之を読んで死にたいと考えた。数年前　私が未だ若き学徒の一人として社会科学の基本原理への欲求盛なりしとき、其の一助として、此の田辺氏の名著を手にした事があった。何分有名な程難しい本であったので、非常な労苦を排して一読せし事を憶《おぼ》えている。その時は洛北白川の一書斎であったが、今は遥か故郷を離れた昭南《しょうなん》の、しかも、監獄の冷いコンクリートの寝台の上である。

難解乍ら生の幕を閉じる寸前、此の書を再び読み得たと言う事は、私に最後の楽しみと憩いと、情熱とを再び与えてくれるものであった。

数ケ年の非学究的生活の後に始めて之を手にし一読するのであるが、何だか此の書の一字一字の中に昔の野心に燃えた私の姿が見出される様で、誠に懐しい感激に打ち閉ざされた。

（75～79頁）

世界的名著は何時何処に於ても、亦　如何なる状態の人間にも燃ゆるが如き情熱と憩いとを与えてくれるものである。

私は凡ての目的、欲求とから離れて、一息のもとに此の書を一読した。そして更にもう一読した。何とも言い得ない、凡ての欲求から離れての、すがすがしい気持ちであった。私に取っては死の前の読経にも比さる可き感覚を与えてくれた。曾ての如き学求への情熱に燃えた快味ではなくして、凡てあらゆる形容詞を否定した、乗り越えた、言葉では表し得ない、すがすがしい感覚を与えてくれたのである。

書かれたものが遺言書ならば、私は此の書を書かれざる、何となく私と言うものを象徴してくれる最適のものとして此の書を紀念《きねん》（記念）として残すのである。私が此の書に書かれている哲理を凡て理解了解したと言うのではない、むしろ、此の書の内容からはもっと距離があるかも知れないが、私の言い度い事は、私が此の書を送る意味は、本著者田辺氏が本書を書かんと筆を取られた其の時の氏の気分が、即ち私が一生を通じて求めていた気分であり、そして私が此の書を遺品として、最も私を象徴してくれる遺品として、遺《のこ》す以所である。

（81～83頁）

私の死を聞いて先生や学友が多く愛惜してくれるであろう。「きっと立派な学徒になったであろうに」と愛惜してくれるであろう。若し私が生き長らえて平々凡々たる市井の人として一生を送るとするならば、今此のまヽ此処で死する方が私として幸福かも知れない。又世俗凡欲には未だ穢《けが》され切っていない今の若い学究への純粋を保ったまゝで一生を終る方が或は美しい潔いものであるかも知れない。

(83頁)

私としては生き長らえて学究への旅路を続けて行度《いきた》いのは当然の事ではあるが、神の目から見て、結果論にして、今運命の命ずるまゝに死する方が私には幸福なのであるかも知れない。

私の学問が結極《けっきょく》は、積読《つんどく(ママ)》以上の幾歩も進んだもので無いものとして終るならば、今の潔い此の純粋な情熱が一生の中《うち》最も価値高きものであるかも知れない。

(85~93頁)

私は生きる可く、私の身の潔白を証《しょう》す可くあらゆる手段を尽くした。私は上級者たる将校連より法廷に於ける真実の陳述をなす事を厳禁され、それが為め、命令者たる上級将校が懲役、私が死刑の判決を下された。之は明かに不合理である。私は私の生きん事が将校連の死よりも日本の為めには数倍有益なる事明白であり、又事件其の物の実情としても、之は当然命令者なる将校に責が行く可きであり、又彼等が自分自身で之を知れるが故に私に事実の陳述を厳禁したのであり、又此処で生きるのが私には当然であり、至当であり、日本国家の為めにも為さねばならぬ事であり、又最後の親孝行でもあると思って、判決のあった後ではあるが、私は英文の書面を以て事件の真相を暴露して訴えた。上告のない裁判であり、又判決後であり、又元来から正当な良心的な裁判ではないのであるから、私の真相暴露が果して取り上げられるか否かは知らないが、親に対して、国家に対しての私の最後の申し訳けとして最後の努力をしたのである。始め私は虚偽の陳述が日本人全体のためになるならば止むなしとして命に従ったのであるが結果は逆に我々被命令者に仇となったので、真相を暴露した次第である。

若しそれが取り上げられたならば、数人の大佐、中佐や、数人の尉官達が死刑を宣告されるであろうが、それが真実である以上当然であり、又彼等の死を以て此の私が救われるとするならば、国家的見地から見て私の生の方が数倍有益である事を確信したからである。

(93頁)

美辞麗句ではあるが　内容の全くない、精神的とか称する言語を吐き乍ら、内面に於ては軍人景気に追従し、物欲、名誉欲、虚栄以外には何物でもない我々軍人が過去に於て為して来たと同様、仮りに将来に於て生きるも何等国家に有益な事は為し得ない事明白なる事確信するのである。

（97〜101頁）

日本の軍人には偉い人もいたであろう、然し、私の見た軍人には誰も偉い人は居なかった。早い話が高等学校の教授程の人物すら将軍と呼ばれる人の中に居らない。監獄に居て何々中将少将と言う人に幾人も会い共に生活しているのであるが、軍服を抜《ぬ》いだ赤裸の彼等は其の言動に於て実に見聞するに耐え得ないものである。此の程度の将軍を戴いていたのでは、日本に幾ら、科学、物資があったとしても、戦勝は到底望み得ないものであったと思われる程である。

特に満州事変以後、更には南方占領後の日本軍人は、毎日利益を追う商人よりも根柢の根性は下劣なものであったと言い得る。木曽義仲が京へ出て失敗したのと何処か似た所のあるのは否定し得ない。

（101頁）

彼が常々大言壮語して止まなかった、忠義、犠牲的精神、其の他の美字（辞）麗句も、身に装う着物以外の何物でもなく、終戦に依り着物を取り除かれた彼等の肌は実に見るに耐え得ないものであった。此の軍人を代表するものとして東條前首相がある、更に彼の終戦に於て自殺は何たる事か、無責任なる事甚だしい、之が日本軍人の凡てであるのだ。

（105～106頁）

然し国民は之等軍人を非難する前に、斯かる軍人の存在を許容し又養って来た事を知り、結極の責任は日本国民全般の知能程度の低かったことにあるのである。知能程度の低い事は結極（局）歴史の浅い事だ。歴史二千六百有余年か何かは知らないが、内容の貧弱にして長い事計《ばか》りが自慢なのではない、近世社会としての訓練と経験が少なかったのだと言っても、今ではもう非国民として軍部からお叱りを受けないであろう。

（106頁）

私の高校時代の一見叛逆として見えた生活は全く此の軍閥的傾向への追従への反潑《はんぱつ》に外ならなかったのである。

（107頁）

私の軍隊生活に於て、中等学校、専門学校や何処かの私大あたりを出た将校が、只将校たるの故を以て大言壮語をしていた、私が円曲乍ら《えんきょくながら》彼等の思想を是正しようとするものなら、彼等は私を「お前は自由主義者だ」と一言のもとに撥《は》ねつけていた。彼等の言う自由主義とは即ち「彼等に都合のよい思惑には不都合なる思想」と言う意味以外には何もないのである。又それ以上の事は何も解らないのである。

（109頁）

軍人社会の持っていた外延的な罪悪、内包的な罪悪、枚挙すれば限りがない、それ等は凡て忘却しよう、彼等も矢張り日本人なのであるから。

然し一つ言って置き度い事は、軍人は全国民の前で腹を切る気持ちで謝罪し、余生を社会奉仕のために捧げなければならない事である。軍人が今日迄なして来た栄誉栄華は誰のお陰だったのであるか、凡て国民の犠牲のもとに為されたにすぎないのである。

（111頁）

労働者、出征家族の家には何も食物はなくても、何々隊長と言われる様なお家には肉でも、魚でも、果子でも、幾らでもあったのである、——以下は語るまい、涙が出て来る計りである。

（113～115頁）

天皇崇拝の熱の最も厚かったのは軍人さんだそうである、然し一枚の紙を裏返へせば、天皇の名を最も乱用、悪用した者は即ち軍人様なのであって、古今之に勝る例は見ない、所謂「天皇の命」と彼等の言うのは即ち「軍閥」の命と言うのと実質的には何等変らなかったのである。只此の命に従わざる者を罪する時にのみ天皇の権力と言うものが用いられたのである。若し之を聞いて怒る軍人あるとするならば、終戦の前と後に於ける彼等の態度を正直に反省せよ。

（115頁）

私が戦も終った今日に至って絞首台の露と消ゆる事を、私の父母は私の運の不幸を嘆くであろう。確かに私は幸運な男とは言えないであろう、然し、私としては神が斯くも良く私を此処迄で御加護して下さった事を、感謝しているのである。之で最後だと自ら断念した事が幾多の戦闘の中に幾度びもあった。それでも私は擦傷《さっしょう》一つ負わずして今日迄生き長らえ得たのである。全く今日迄の私は幸福であったと言わねばならない。

私は今の自分の不運を嘆くよりも、過去に於ける神の厚き御加護を感謝して死んで行き度いと考えている。父母よ嘆くな、私が今日迄生き得たと言う事が幸福だったと考えてくれ。私もそう信じて死んで行き度い。

（119頁）

今計《はか》らずもつまらないニュースを聞いた、戦争犯罪者に対する適用条項が削減されて我々に相当な減刑があるだろうと言うのである。数日前、番兵から此の度び新に規則が変って、命令でやった兵隊の行動には何等罪はないことになったとのニュースを聞いたのと考え合わせて、何か淡い希望の様なものが湧き上った。然し之等のことは結果から見れば死に到る迄での果無《はてな》い波にすぎないと思われるのである。

（121頁）

私が特に之を書いたのは、人間が愈々死に到るまでには、色々の精神的変化を自ら惹起《じゃっき》して行くものなることを表わさんがためである。人間と云う物は死を覚悟し乍らも、絶えず生への吸着から離れ切れないものである。

（123〜125頁）

アンダマン海軍部隊の主計長をしている主計少佐内田実氏は実に立派な人である。氏は年令30そこそこであり、東京商大を出た秀才である。

何某将軍、司令官と言われる人でさえ人間的には氏に遥か及ばない。其の他軍人と称される者が此の一、商大出の主計官に遥か及ばないのは何たる皮肉か、稀《まれ》を無理に好む理由《わけ》（ママ）ではないが、日本の全体が案外之を大きくしたものにすぎなかったのではないかと疑わざるを得ないのである。

（125頁）

矢張り書き読み、自ら苦しみ、自ら思索して来た者には、然からざる者とは何処か言うに云われぬ相異点のあるものだと痛感せしめられた。

高位高官の人々も其の官位を取り去られた今日に於ては、少しでもの快楽を少しでも多量に享受せんと見栄も外聞も考慮出来ない現実をまざまざ見せ付けられた　今時に於ては、全く取り返しのつかない皮肉さを痛感するのである。

（127～129頁）

精神的であり、亦、たる可きと高唱して来た人々の如何に其の人格の賤《いや》しき事を我、日本のために暗涙《あんるい》禁ず能《あた》わず。

明日は死すやもしれない今の我が身であるが、此の本は興味尽きないものがある、三回目の読書に取り掛る。死の直前とは言い乍ら、此の本は言葉では表し得ない楽しさと、静かではあるが真理への情熱を与えてくれる、何だか私の本性を再び、凡ての感情を超越して、振り帰らしてくれるものがあった。

（129〜131頁）

家庭問題をめぐって随分な御厄介《ごやっかい》を掛けた一津屋の御祖母様の苦労、幼な心にも私には強く刻み付けられていた。私が一人前となれば、先ず第一に其の御恩返しは是非せねばならないと私は常々一つの希望として深く心に抱いていた。然し、今や其の御祖母様よりも早く立って行く。此の大きな念願の一つを果し得ないのは、私の心残りの大きなものの一つだ。此の私の意志は妹の孝子に依り是非実現されんことを希《ねが》う、今まで口には出さなかったが、此の期《ご》に及んで特に一筆する次第である。

（133頁）

私の仏前、及び墓前には従来仏花よりも、ダリヤやチューリップなどの華かな洋花も供えてくれ、之は私の心を象徴するものであり、死後は殊に華かに、明るくやって行きたい。美《う》味《ま》い洋菓子をどっさり供えてくれ、私の頭脳《のう(ママ)》にある仏壇は余りにも静かすぎた、私の仏前はもっと明るい華かなものであり度い。仏道に反するかも知れないが仏たる私の願う事だ。

（133～137頁）

そして私の個人の希望としては、私の死んだ日よりはむしろ、私の誕生日である4月9日を仏前で祝ってくれ。私はあくまで死んだ日を忘れていたい、我々の記憶に残るものは唯私の生れた日丈であって欲しい。私の一生に於て楽しく紀（記）念さる可き日は、入営以後は一日も無い筈だ。私の一生の中最も紀（記）念さる可きは昭和14年8月だ。それは私が四国の面河《おもごう》の渓《たに》で始めて社会科学の書をひもどいた時であり、又同時に真に学問と云うものの厳粛さを感得し、一つの自覚した人間として、出発した時であって、私の感激ある人生は唯其の時から始まったのである。

（139～141頁）

此の本を父母に渡す様お願いした人は上田大佐である。氏はカーニコバルの民政部長であって私が二年に渉って厄介になった人である。他の凡ての将校が兵隊など全く奴隷の如く扱って顧みないのであるが、上田氏は全く私に親切であり　私の人格も充分尊重された。私は氏より一言のお叱も受けた事はない。私は氏より兵隊としてではなく、一人の学生として扱われた。若し私が氏に巡り会う事がなければ、私のニコバルに於ての生活はもっとみじめなものであり、私は他の兵隊が毎日やらせられた様な重労働により恐らく、病気で死んでいたであろうと思われる。私は氏のお蔭に依りニコバルに於ては将校すらも及ばない優遇を受けたのである。之全く氏のお蔭で　氏以外の誰の為めではない。之は父母も感謝されて良い、そして法廷に於ける氏の態度も立派であった。

（143頁、196頁、207頁の4行のメモは久夫の筆跡でないと判断し、削除した。）

（奥付の右頁）

　此の一書を私の遺品の一つとして送る。

　昭和21年4月13日、シンガポール　チャンギー監獄に於て読了。死刑執行の日を間近に控え乍ら、之が恐らく此の世に於ける最後の本であろう。最後に再び田辺氏の名著に接し得たと言う事は無味乾燥たりし私の一生に最後一抹の憩いと意義とを添えてくれる者（物）であった。母よ泣く勿《なか》れ、私も泣かぬ。　終

・・・・・・・・・・・・・

（8頁）住所　大阪府吹田市大字佐井寺４０２９番地　父　木村久

（10頁）此の世への名残りと思ひて味ひぬ一匙の菜一匙のかゆ

（12頁）つくづくと幾起き臥しのいや果の我が身悲しも夜半に目瞠めつ

（14頁）紺碧の空を名残りに旅立たむ若き生命よいまやさらばと

(16頁) 朝がゆをすゝりつ思ふ古郷の父よ嘆くな母よ許せよ
(18頁) かにかくに凡て名残りは盡きざれど学成らざるは更に悲しき
(20頁) 思ふこと盡きて更には無けれども唯安らけく死にて行かまし
(22頁) みんなみの露と消え行く生命《いのち》もて朝かゆすゝる心かなしも
(24頁) 音もなく我より去りし物なれど書きて偲びぬ明日と言ふ字を
(26頁) 雨音に鳴く夏虫の声聞きて母かとぞ思ふ夜半に目覚めつ
(28頁) かすかにも風な吹き来そ沈みたる心の塵の立つぞ悲しき
(30頁) 悲しみも涙も怒りも盡き果てし此のわびしさを持ちて死なまし
(32頁) 明日と言ふ日もなき生命抱きつも文よむ心盡くることなし
―田辺氏の書を再読して―
(34頁) 故里の母を思ひて涙しぬ唇かみてじっと眼を閉づ
(36頁) 眼を閉じて母を偲《おも》へば幼な日の懐《いと》し面影消ゆる時なし
(38頁) 思ひでは消ゆることなし故郷の母と眺めし山の端の月
(40頁) 遠国《トホクニ》に消ゆる生命の淋しさにまして嘆かる父母のこと
(42頁) 父母よ許し給へよ敗れたる御国のために吾は死すなり

(44頁)指を噛み涙流して遥かなる父母に祈りぬさらば〳〵と

(46頁)詩境もて死境に入るは至境なり斯境なからば悲境なりけり

―狂歌―

(92頁)住所　大阪府吹田市大字佐井寺4029番地　父　木村久

(奥付前頁)紺碧の空に消えゆく生命かな

―俳句―

付録2　木村久夫の「遺書」（全文）

＊「遺書」（以下、原文という）は、「遺品」（別紙）1枚と「遺書」400字詰原稿用紙11枚とから構成されている。鉛筆書きである。

＊原文は、漢字とカタカナとひらがなを交えて書かれている。

＊漢字は極力そのままにしてルビをうち、旧仮名遣《かなづか》いについては現代仮名遣い文とした。ただし、短歌と引用文とは、そのままとした。

＊読者の便宜を考えて、適宜、（　）で筆者注を入れた。

＊原文は、既に紹介されている『新版　きけ　わだつみのこえ』（岩波文庫、1995年）、塩尻公明『或る遺書について』（新潮社、1948年）、『新版　或る遺書について』（中谷彪ほか編、大学教育出版、2013年）の引用文と異なっている箇所がある。

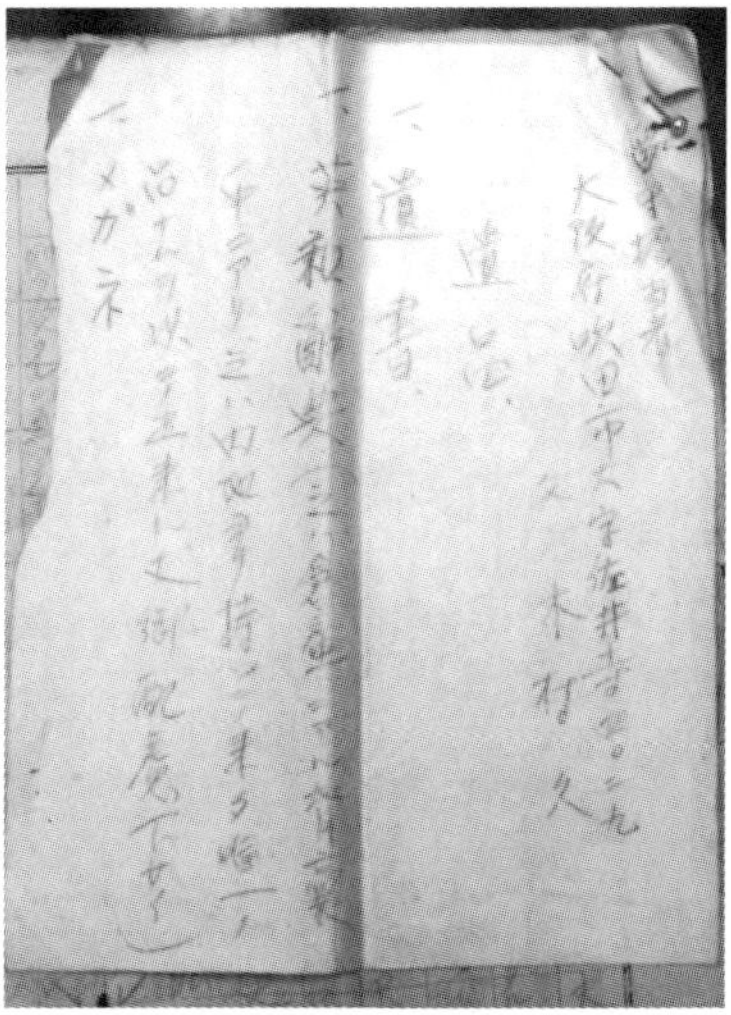

久夫の「遺書」の別紙（目録）

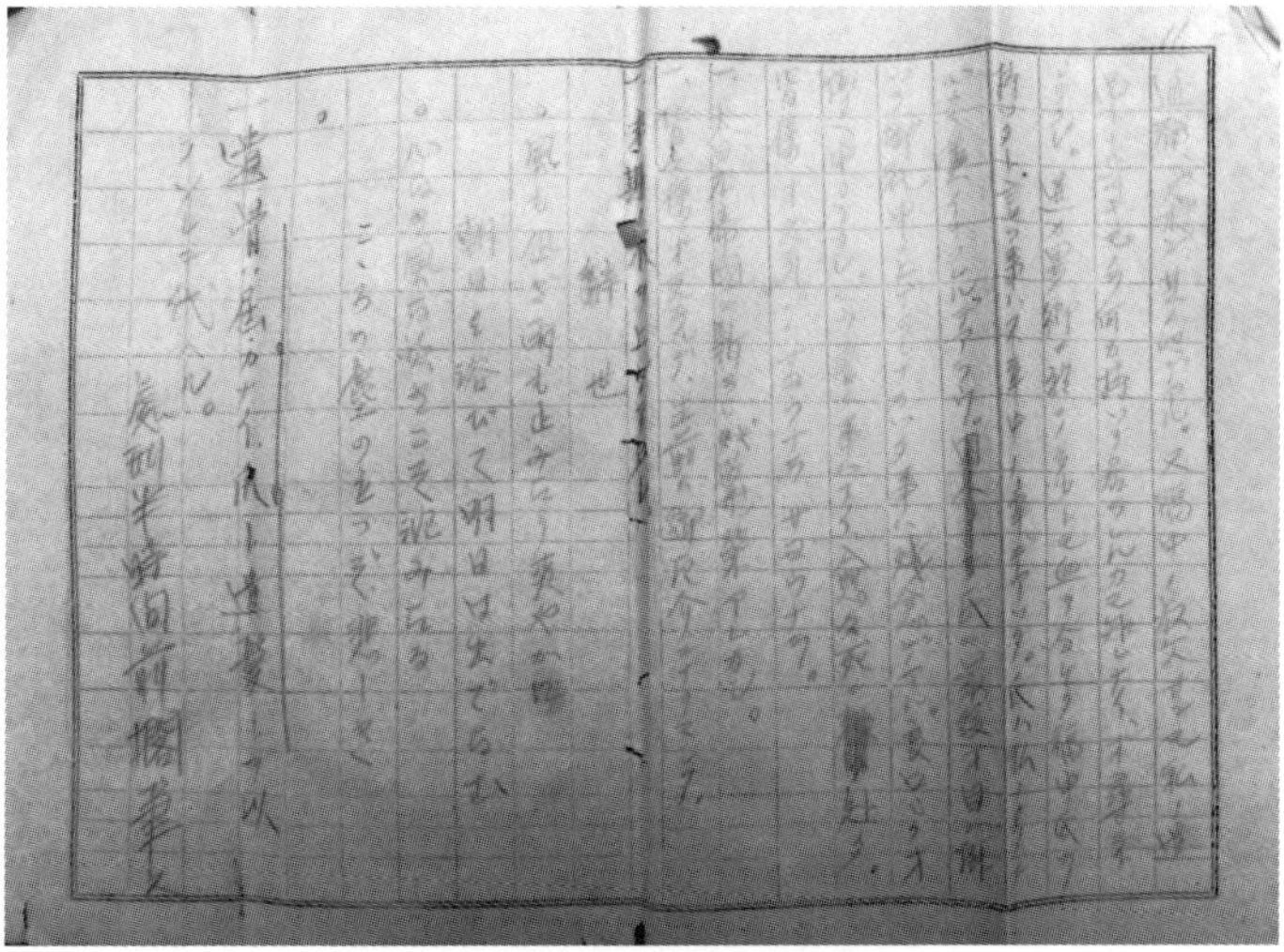

久夫の「遺書」の最後

（別紙）

留守担当者

大阪府吹田市大字佐井寺4029

父　木村　久

遺　品

1、遺書

2、英和辞典（之は倉庫にある背嚢《はいのう》の中にあり、之は内地より持って来た唯一の品なるを以て出来る丈御配慮下さい）

3、メガネ

所属部隊第36旅団岡野部隊花岡隊
留守担当者　大阪府吹田市大字佐井寺　　木村　久

遺　書　　　　　　　　　　　　　　　　　　　　木村久夫

未だ30才に満たざる若き生命を持って老いたる父母に遺書を捧げるの不孝をお詫びする。愈々《いよいよ》私の刑が施行される事になった。絞首に依る死刑である。戦争が終了し戦火に死なゝかった生命を、今此処に於て失って行く事は惜みても余りある事であるが、之も大きな世界歴史の転換のもと　国家のために死んで行くのである。宜しく父母は私は敵弾に当って華々しい戦死を遂げたものと諦めてくれ。私が刑を受くるに至った事件の内容については福中英三氏に聞いてくれ。此処で述べる事を差し控える。

父母は其の後お達者であるか。孝子《こうこ》は達者か。孝ちゃんはもう22才になるんですね、立派な娘さんになっているんでしょうが、一眼見れないのは残念です。早く結婚して私の家を継いで下さい。私の居ない後、父母に孝養を尽くせるのは貴女丈《だけ》ですから。私は随分なお世話を掛けて大きくして戴いて、愈々孝養も尽くせると言う時になって此の始末です。之は大きな運命で、私の様な者一個人では如何とも為し得ない事でして、全く諦める　ことより外に何もないのです。言えば愚痴は幾らでもあるのですが、凡てが無駄です　止しましょう。大きな爆弾に当って跡形なく消え去ったのと同じです。

斯《こ》うして静かに死を待ち乍ら坐っていると、故郷の懐かしい景色が次から次へと浮んで来ます。分家の桃畑から佐井寺の村を下に見下ろした、あの幼な時代の景色は今も眼にありありと浮んで来ます。谷さんの小父さんが下の池でよく魚釣りをして居られました。ピチピチと鮒が糸にかゝって上って来るのもありありと思い浮かべる事が出来ます。家のお墓も思い出します。其処からは遠くに吹田の放送局や操車場の広々とした景色が見えましたね。又お盆の時、夜お参りして、遠くの花壇で打ち上げられる花火を遠望したことも思い出します。又お墓の前には柿の木がありましたね。今度帰ったらあの柿を喰ってやります。御先祖の墓があって祖父、祖母の石碑がありますね。小供の頃、此の新しい祖母の横に建てられる次の新しい墓は果して誰の墓であろうかと考えた事がありますが、お祖母さんの次に私のが建つとは　其の時は全く考え及びませんでした。お祖父様、お祖母様と並んで、下の美しい景色を眺め柿を喰ってやりましょう。思い浮びましたから序《つい》でにお願いして置きますが、私の葬儀などは余り盛大にやらないで下さい、ほんの野辺の送りの程度で結構です。盛大は更《かえ》って私の気持に反します、又お供物なども慣習に反するでしょうが　美味そうな洋菓子や美しい洋花をどっさりお供え下さい。私は何処迄も晴やか明朗でありたいです。

次に思い出すのは何を言っても高知です。境遇及び思想的に最も波乱に富んだ時代であったから、思い出も尽きないものがある。新屋敷の家、鴨の森、高等学校、堺町、猪野々、思いは走馬燈の如く走り過ぎて行く。塩尻・徳田・八波の三先生はどうして居られるであろう。私の事を聞けばきっと泣いて下さるであろう。随分なお世話を掛けた。私が生きて居れば思い尽きない方々なのであるが、何の御恩返しも出来ずして遥か異郷で死んで行くのは残念だ。私の凡てが芽生えたのは此の時であったのであるが、それも数年とは続かなかった。せめて一冊の著述でも出来得る丈の時間と生命とが欲しかった。之が私の最も残念とするところである。私が出征する時に言い遺して来た様に、私の蔵書は全部塩尻先生の手を通じて高等学校に寄贈してくれ。学校の図書が完備されていない事は私が夙《つと》に痛感していた所であった。私の図書の寄贈に依って可成りの補備が出来るものと信ずる。若き社会科学者の輩出のため少しなりとも尽くす所あらば、私の希望は満される。（但し孝子の婿に当る人が矢張り経済学者として一生を志す人ならば、勿論其の人のため必要ならば蔵書の全部を捧げても良い）。塩尻先生には殊に良《よ》ろしくお伝えしてくれ、先生より頂戴した御指導と御厚意は何時迄も忘れず死後迄も持ち続けて行きたいと思っている。

短歌を久し振りに詠《よ》んで見た　何れもが私の辞世である。

○つくづくと幾起き臥しのいや果の此の身悲しも夜半に目醒めつ。
○雨音に夏虫の鳴く声聞けば母かとぞ思ふ夜半に目醒めつ。
○悲しみも涙も怒りも尽き果てし此の侘しさを持ちて死なまし。
○みんなみの露と消え征く生命もて朝粥すゝる心かなしも。
○現し世の名残りと思ひて味ひぬ一匙の菜一匙の粥。
○朝粥をすゝりつ思ふ故里の父よ赦せよ母よ嘆くな。
○友の征く読経の声聞き乍ら己の征く日を指屈りて待つ。
○紺碧の空を名残りに旅立たむ若き生命よさらばさらばと。
○故里の母を想へば涙しぬ唇噛みてじっと眼を閉づ。

凡ての望みが消え去った時の人間の気持は、実に不可思議なものである。如何なる現世の言葉を以てしても現し得ない、己に現世より一歩超越したものである。何故か死の恐ろしさも解らなくなった。凡てが解らない、夢でよく底の知れない深みへ落ちて行く事があるが、丁度あの時の様な気持である。

死刑の宣告を受けてから、計らずも曾て氏の講義を拝聴した田辺元博士の「哲学通論」を手にし得た。私は唯に読みに読み続けた。そして感激した。私は此の書を幾度か諸々の場所で手にし　愛読したことか。下宿の窓で、学校の図書館で、猪野々の里で、洛北白川の下宿で、そして今又遠く離れた昭南《しょうなん》の監獄の一独房で、然し場と時とは異っていても、私に与えてくれる感激は常に唯一つであった。私は独房の寝台の上に横たわり乍ら、此の本を抱き締めた。私が一生の目的とし、理想としていた雰囲気に再び接し得た喜びであった。私にはせめての最後の憩《いこ》いであり慰《なぐさ》みであった。私は戦《たたかい》終り、再び書斎に帰り、学の精進に没頭し得る日を幾年待っていた事であろうか、然し凡てが失われた、私は唯新しい青年が、私達に代って、自由な社会に於て、自由な進歩を遂げられん事を地下より祈るを楽しみとしよう。マルキシズムも良し、自由主義もよし、如何なるものも良し、凡てが其の根本理論に於て究明され解決される日が来るであろう、真の日本の発展は其処から始まる。凡ての物語りが私の死後より始まるのは誠に悲しい。

一津屋のお祖母様はお元気だろうか。私に唯一人の生きた祖母である。本当に良い、懐かしいお祖母様だ。南に征《い》く日にも会って来た。良く最後一眼でもお会いして来たことと、今となって懐かしく思っている。今日迄一口も言葉には出さなかったが、私は幼少の時分より長く此の祖母に家の事で随分御心配を掛けた事を知っている。私が一人前になれば、早くあの御恩の幾分なりとも返したいと常に念願していたのであるが、駄目であった。今は其の志《こころざし》丈を述べて其れに代える。それから重雄叔父様を始め一族の方々名残は果てし無い人計《ばか》りである。

○慾も捨て望も総べて絶へたるになほ此のからだ生ける悲しき。
○明日の日は如何なる郷《くに》へ行くならむ極楽と言ひ地獄と言ふも。

私の死にたる後、父母が其の落胆の余り途方に迷われる事なきかを最も心配している。戦争の終りたる今となって死んで行く不孝は何処迄でもお詫びせねばならないが、思い巡らせば、私は之で随分武運強かったのである、印度洋の最前線、而も敵の反抗の最も強烈なりし二ヶ年、随分之で生命の最後かと自ら諦めた危険もあったのである、それでも擦り傷一つ負わなかった。神も出来る丈私を守って下さったのであると考えたい。父母は私は既に其の時に死んだものと諦めて戴き度い。諦めなければ此の私自身が父母以上にもっと悲しいのである。私の死については出来る丈多く私の友人知人に通知してくれ。

降伏後の日本は随分変わった事だろう。思想的に、政治、経済機構的にも随分の試練と経験と変化とを受けるであろうが、其の何れもが見耐《みごた》えのある一つ一つであるに相異《そうい》ない。其の中に私の時間と場所との見出されないのは誠に残念の至りである。然し世界の歴史の動きはもっともっと大きいのだ。私の如き者の存在には一瞥《いちべつ》もくれない、泰山鳴動《たいざんめいどう》して踏み殺された一匹の蟻《あり》にしか過ぎない。私の如き者の例は、幾多あるのである。戦火に散って行った幾多軍神もそうだ、原子爆弾で消えた人々もそうだ。斯くの如きを全世界に渉《わた》って考えると、自ら私の死もうなずかれよう。既に死んで行った人の事を考えれば、今生き度いなどと考えるのは、その人達に対してさえ済まない様な気がする。若し私が生くれば、或は一社会科学者として幾分かの業績は就《な》すかも知れない、然し又将《はた》して生きて見て唯の俗世の凡人として一生を送るかも知れない。未だ花弁を見せず蕾のまゝ、多《おお》（く）の人に惜しまれ乍ら死んで行くのも一つの在り方であったかも知れない、自分本位の理論は此の場合止めよう、今は唯世界創造神の命ずるまゝ死んで行くより他に何物もないのである。意気地ないが　之が今私の持ち得る唯一の理論だ。

○かにかくに思ひは凡て尽きざれど学ならざるは更に悲しき。

○おの丶きも悲しみもなし絞首台母の笑顔を抱きて征かなむ。
○夜は更けぬしんしんとして降る雨に神のお告げをかしこみて聞く。

此の頃になって漸《ようや》く死と言う事が大して恐ろしいものではなくなって来た。決して負け惜しみではない。病で死んで行く人でも　死の寸前には斯の様な気分になるのではないかと思われる。時々ほんの数秒の間、現世への執着がひょっくり頭を持上げるが直ぐ消えてしまう。此の分では愈々あの世へのお召が来ても、大して見難《みにく》い態度もなく行け相《そう》と思っている。何を言っても一生に於て之程大きい人間への試験はない。今では、父母妹の写真もないので、毎朝毎夕眼を閉じ、昔時の顔を思い浮べては挨拶している、お前達も眼を閉じ、大学生当時の私にでも挨拶してくれ。阿部（孝）先生はお元気か。良ろしくお伝えしてくれ。どう御挨拶申して良いか適当な言葉も思い当たらない。それから新田の叔父叔母様にも良ろしく、入営直前お会した時のお姿が思い浮かべられる。

もう書く事とて何もない。然し何かもっと書き続けて行き度い。筆の動くま丶何かを書いて行こう。私の事については、以後次ぎ次ぎに帰還する戦友達が告げてくれるであろう。何か友より便りある度びに、遠路をいとわず、戦友を訪問して私の事を聞いてくれ。私は何一つ不面《ふめん》目《ぼく》なる事はして居らない筈だ。死んで行く時も立派に死んで行く筈だ。又よし立派な軍人の亀《き》鑑《かん》たらずとも、日本人としは、日本最高学府の教養を受けた日本インテリーとしては、何等恥ずる所ない行動を取って来た筈である。唯それ丈は父母への唯一の孝行として残せると思っている。唯私に戦争犯罪者なる汚名が計らずも下された事が、軈《やが》ては孝子の縁談に、又家の将来に何かの支障を与えないかと言う事が心配であるが、カーニコバルに終戦迄駐屯していた人ならば　誰もが皆私の身の公明正大を証明してくれる事を信ずる。安心してくれ。

私の死後唯一つ気掛かりなのは、一家仲良く暮して行ってくれるかどうかと言う事である。私の記憶にある一家と言うものは残念乍ら決して相和《あいわ》したものではなかった。私が死に臨んで思い浮べる父の顔と言うものは必ずしも朗らかな父の笑顔では無いと言う事は、悲しみて余りあるものがある。此の私の死を一転機として、私への唯一の供養《くよう》として、今後の一家を明朗な一家として送られる事をお祈りする。不和は凡ての不幸不運の基《もと》である。因縁論者ではないが、此の度びの私の死も其の遠因の一分でも或は其処から出ているのではないかとも考えられない事もないのである。新時代への一家繁栄の基である将来のため一家和合を其の「モットー」としてやって戴き度い。殊更に死に当って父に求むる一事である。

死ねば、祖父母にも、又一津屋の祖父にも会えるであろう。又計らずも戦死していた学友にも会える事であろう。あの世でそれ等の人々と現世の思出《おもいで》語りをしよう。今はそれを楽《たのしみ》の一つとして死んで行くのである。また世人の言う様に出来得るものならば、蔭から父母や妹婦夫（夫婦）を見守って行こう。常に悲しい記憶を呼び起さしめる私であるかも知れないが、私の事も思い出して日々の生活を元気付けて戴き度い。

誰かドイツ人の言葉であったか　思い出した。

生れざらんこそよなけれ、生れたらん人には生れし方へ急ぎ帰るこそ願はしけれ

私の命日は昭和21年5月23日なり。

私の遺品も充分送れないのは残念である。然し出来る丈の機会をとらえて、多くの人に私の遺品の一部づつを頼んだ。其の内の幾つかは着くであろう。英和、和英字書（辞書）、哲学通論、ズボン、其の他である。また福中の叔父さんも私の遺品となる可きものを何か持って居られるかも知れない、お尋ねしてくれ。遥か異郷に於ての多少とも血を分けた福中氏を持ったと言う事は不幸中の幸であった。氏は私のために心から嘆いてくれるであろう。氏に最後お目に掛って御礼を申し上げなかった事は残念である。良ろしくお伝え申してくれ。も

う書く事はない、愈々死に赴《おもむ》く。皆様、お元気で、さようなら、さようなら。

一、大日本帝国に新しき繁栄あれかし。
一、皆々様お元気で。生前はご厄介になりました。
一、末期の水を上げてくれ。

辞　世

○風も凪ぎ雨も止みたり爽やかに
　朝日を浴びて明日は出でなむ
○心なき風な吹きこそ沈みたる
　こゝろの塵の立つぞ悲しき

遺骨は届かない、爪と遺髪とを以てそれに代える。
処刑半時間前擱筆《かくひつ》す

付録3　木村久夫の生涯（略年譜）

年月日	久夫の関係事項	社会の動き
１９１８（大正7）年4月9日	大阪府吹田市大字佐井寺４０２９番地で生まれる（父・久、母・斐野）	
１９２５（大正14）年4月	千里第二尋常小学校入学、	治安維持法公布
１９３０（昭和5）年3月	塩尻公明、旧制高知高等学校に着任（講師→教授に）	
１９３１（昭和6）年3月	千里第二尋常小学校卒業（久夫12歳）	
4月	旧制豊中中学校入学、家族・豊中に移転	
9月		満州事変
１９３６（昭和11）年3月	旧制豊中中学校卒業（久夫17歳）	
１９３７（昭和12）年4月	旧制高知高等学校入学（久夫18歳）、入寮する 久夫の健康を心配して、家族も高知市に移転する	

7月		日中戦争始まる
1938（昭和13）年4月1日		国家総動員法公布
1939（昭和14）年4月	2年生の裏の塩尻教授の「法制」の講義を受けて、魅了される	
8月	四国・面河の宿で、学問の厳粛さを感得する	
1940（昭和15）年7月26日	猪野々の猪野沢温泉（依水荘）に宿泊（～8月29日）	
1941（昭和16）年3月19日	猪野沢温泉（依水荘）に宿泊（～4月5日）	
11月7日	書籍に「兵役のための帰郷に際して」と記す（本籍地で徴兵検査を受ける）（久夫23歳）	
7月30日	猪野沢温泉（依水荘）に宿泊（～9月頃まで？）	
12月8日		米英に宣戦を布告
1942（昭和17）年3月	旧制高知高等学校卒業（久夫23歳）	
4月	京都帝国大学経済学部入学	
4月26日	八波教授への手紙で〝徴兵検査の結果は第二乙種で、大戦争のない限り大丈夫です〟と書く（久夫24歳）	
8月23日	猪野沢温泉（依水荘）に宿泊（～8月24日）	

10月1日	応召され、陸軍中部第23部隊（大阪）入隊（久夫24歳）	
11月	結核？で、大阪陸軍病院（大手前）に入院	
12月頃	陸軍病院（堺市金岡）へ転院	
1943（昭和18）年6月	陸軍病院を退院	
9月27日	久夫から「明日より任地に行く」というハガキが自宅に届く インド洋のカーニコバル島の独立混制第36旅団に配属される（民生部所属の通訳に）	
1944（昭和19）年7月18日		東条内閣総辞職
10月18日		満17歳以上を兵役に編入
1945（昭和20）年7～8月	陸軍、スパイ事件で島民81人を処刑（木村らに責任転嫁される）	
8月6日		広島に原子爆弾投下される
8月9日		長崎に原子爆弾投下される

8月15日		敗戦（日本無条件降伏）
1946（昭和21）年3月15日	シンガポール戦犯裁判で、木村ら死刑判決を受ける	
5月23日	午前9時5分、木村の死刑（絞首刑）執行される（享年28歳）	
7～8月頃	花岡隊の隊長によって久夫死亡の報が木村家に伝えられる	
年内に	戦友によって遺品が木村家に届く（『哲学通論』、「遺書」等）	
1946（昭和21）年12月		東大戦没学生手記編集委員会編『はるかなる山河に』（東大生協組合出版部）出版
1948（昭和23）年1月	塩尻公明、木村家で『哲学通論』余白の「手記」と「遺書」とを書き取る	
6月	塩尻公明、『新潮』に「或る遺書について」を発表	
11月	塩尻公明『或る遺書について』（新潮社）出版	

1949（昭和24）年10月	日本戦没学生手記編集委員会編『きけ わだつみのこえ』（東大生協組合出版部）出版	
1951（昭和26）年10月15日	塩尻公明『或る遺書について』（社会思想社・現代教養文庫）出版	
1971（昭和46）年8月14日	NHKで「ある青春―わだつみの遺書から―」放送される（以後、数回、放送される）	
1982（昭和57）年7月	日本戦没学生記念会編『きけ わだつみのこえ』（岩波文庫）出版	
1995（平成7）年12月7日	高知放送「山里の墓標―木村久夫の遺書から―」を放送	
12月18日	日本戦没学生記念会編『新版 きけ わだつみのこえ』（岩波文庫）出版	
1996（平成8）年4月9日	猪野々の依水荘の隣に久夫の短歌「音もなく我より去りしものなれど 書きて偲びぬ明日といふ字を」の歌碑が建立される	
5月11日	高知放送「続・山里の墓標―木村久夫の遺書から―」を放送	
2012（平成24）年1月10日	中谷彪『塩尻公明』（大学教育出版）に塩尻公明「或る遺書について」を収録	

2013（平成25）年2月15日	中谷彪ほか編・解説、塩尻公明『或る遺書について』（桜美林大学北東アジア総合研究センター、新書）出版	
11月30日	中谷彪ほか編・解説、塩尻公明『新版　或る遺書について』（大学教育出版）出版	
2014（平成26）年4月29日	『東京新聞』、久夫の「遺書」を掲載	
4月30日	有田芳生、HPで久夫の「手記」を公表	
7月20日	中谷彪『塩尻公明と戦没学徒木村久夫―「或る遺書について」の考察―』（大学教育出版：久夫の「手記」と「遺書」を収録）	

あとがき

「あとがき」に引用することが適当かどうか迷うが、「学徒出陣、戦死の学友を偲ぶ」と題する最近の投書を紹介しておきたい。

43年10月、大学や旧制高校など在籍する文系学生に対する徴兵猶予が廃止され、故国の危急に対応すべく従軍することになった。京都帝大経済学部の学生だった私は二等水兵として懸命に訓練を積み、翌年2月、第14期飛行専修予備学生として茨城県の土浦航空隊に入隊した。

入隊直後、分隊長から「貴様らの命はあと半年と思え！」と言い渡された。…「軍隊とは本当に人の命を軽んじるところだ」と痛感した。…学生がペンを銃に持ち替えるような事態を絶対に招いてはならない。多くの学友の戦死を見送った私は、国が戦争に挑むことは、いかなる形にしろ絶対に避けるべきだと信じる。それこそ、戦死された多くの学友の英霊を偲ぶ道である。（志賀亮一、93歳、（『朝日新聞』、２０１４年２月18日）

投書者が木村と同じ京都帝大経済学部の学生であったこと、44年２月の入隊は木村の42年10月１日の入隊よりも約１年半遅いが、木村の場合、入隊早々に病を得て約１年近く病院生活を送り43年９月にカーニコバル島に配属されたことを考えると、ほぼ同時期に軍隊生活を送っている。しかも、「軍隊とは本当に人の命を軽んじるところだ」とか、「国が戦争に挑むことは、いかなる形にしろ絶対に避けるべきだと信じる。それこそ、戦死された多くの学友の英霊を偲ぶ道である」という主張は、塩尻や木村のそれとも重なる。それはまた、本書の主張とも合致する。

さて、本書が成るに当たっては実に多数の方々からの御援助と御指導とを得た。そのすべての方々のお名前をここに列挙することはできないが、次の方々については、お名前を記してお礼を申し上げたい。

まず、今回も塩尻公明先生の写真の提供をいただいたご遺族の方々にお礼を申し上げたい。高知大学総合情報センター（図書館）の澤田明美様、旧「依水荘」二代目女将の今戸道子様、「きけ わだつみのこえ記念館」と高橋武智館長と渡辺総子常務理事、東京新聞の加古陽治文化部長、山陽新聞の山崎隆夫記者、高知県香美市立吉井勇記念館の職員の方々からは、写真や資料と情報の提供を賜ったことに謝意を表したい。

また、「あとがき」を書き終えた段階であったが、木村孝子さんの御子息の泰雄（久夫の甥）氏から、これまで門外不出であった『哲学通論』と久夫の「遺書」のほか、多数の書信や写真を拝見する機会を与えられ、その掲載まで承諾くださった。お蔭で、急遽、幾つかの新資料と写真の追加とを行うことができた。特記して感謝を申し上げたい。

今回も、資料の収集と整理とを手伝ってくださった関みさよ塩尻公明研究会事務局長と、ルビ打ちで御指導くださった我那覇繁子大阪府立高津高等学校教諭とに感謝したい。

最後に、出版事情の厳しい時期にもかかわらず、本書の刊行を快諾してくださった大学教育出版の佐藤守社長と、編集でお世話になった中島美代子様とに、心からお礼を申し上げたい。

2014年6月5日

中谷　彪

■著者紹介

中谷　彪（なかたに　かおる）

1943年　大阪府に生まれる
1968年　東京大学大学院教育学研究科修士課程修了（教育学修士）
1972年　東京大学大学院教育学研究科博士課程単位取得退学
1979年　イリノイ大学、ウィスコンシン大学客員研究員
1988〜89年　トリニティー大学・文部省在外研究員
専　攻　教育学・教育行政学
職　歴　大阪教育大学講師、助教授、教授、学長を経て退官。
現　在　森ノ宮医療大学教授、大阪教育大学名誉教授、博士（文学）
主要著・訳書
『現代教育思想としての塩尻公明』、『塩尻公明 — 求道者・学者の生涯と思想 —』、『受取るの一手 — 塩尻公明評伝 —』、『塩尻公明と河合栄治郎』（以上、大学教育出版）、『塩尻公明評伝』（桜美林大学北東アジア総合研究所）、『アメリカ教育行政学』（溪水社）、『教育風土学』、『1930年代アメリカ教育行政学研究』、『子育て文化のフロンティア』、『信頼と合意の教育的リーダーシップ』、『子どもの教育と親・教師』、『ガンバレ！先生・教育委員会!!』（以上、晃洋書房）、J.H.ニューロン『社会政策と教育行政』共訳、同『デモクラシーのための教育』、G.S.カウンツ『地域社会と教育』共訳（以上、明治図書）、R.E.キャラハン『教育と能率の崇拝』共訳、教育開発研究所、G.S.カウンツ『シカゴにおける学校と社会』共訳、大学教育出版、R.E.キャラハン『アメリカの教育委員会と教育長』共訳、F.W.テイラー『科学的管理法の諸原理』共訳（以上、晃洋書房）、他多数。

塩尻公明と戦没学徒 木村久夫
—「或る遺書について」の考察 —

2014年7月20日　初版第1刷発行

■著　　者——中谷　彪
■発 行 者——佐藤　守
■発 行 所——株式会社大学教育出版
〒700-0953　岡山市南区西市855-4
電話(086)244-1268㈹　FAX(086)246-0294
■印刷製本——サンコー印刷㈱
■Ｄ Ｔ Ｐ——北村雅子

ISBN978-4-86429-306-8